Au fil des jours... après l'accouchement

La Collection de l'Hôpital Sainte-Justine
pour les parents

Au fil des jours... après l'accouchement

L'équipe de périnatalité de l'Hôpital Sainte-Justine

Éditions de l'Hôpital Sainte-Justine
Centre hospitalier universitaire mère-enfant

Données de catalogage avant publication (Canada)

Vedette principale au titre :

Au fil des jours-- après l'accouchement

(Collection Parents)
Comprend des réf. bibliogr.

ISBN 2-922770-18-4

1. Mères - Santé et hygiène. 2. Soins postnatals. 3. Puerpéralité. I. Hôpital Sainte-Justine. I. Collection.

RG801.A92 2001 618.6 C2001-940510-3

Illustration de la couverture : Louise-Andrée Laliberté
Infographie : Céline Forget
Photos : Denis Hénault

Diffusion-Distribution au Québec: Prologue inc.
en France : Casteilla Diffusion
en Belgique et au Luxembourg : S.A. Vander
en Suisse : Servidis S.A.

Éditions de l'Hôpital Sainte-Justine
3175, chemin de la Côte-Sainte-Catherine
Montréal (Québec) H3T 1C5
Téléphone : (514) 345-4671
Télécopieur : (514) 345-4631
www.hsj.qc.ca/editions/

ISBN 2-922770-18-4

Dépôt légal : Bibliothèque nationale du Québec, 2001
Bibliothèque nationale du Canada, 2001

La Collection de l'Hôpital Sainte-Justine pour les parents bénéficie du soutien du Comité de promotion de la santé et de la Fondation de l'Hôpital Sainte-Justine.

Remerciements

Nous tenons à remercier tous les professionnels de la santé qui ont contribué à la réalisation de cet ouvrage.

Une première édition a été réalisée en 1988 par Marie Normand, infirmière clinicienne, sous le titre *Au fil des jours : la nouvelle accouchée et son conjoint*. Une révision a été faite en novembre 1999 par Marie-Josée Gaboury, inf. B.Sc., et Diane Gagnière, inf. B.Sc.

Une seconde révision a été effectuée en août 2000 par Diane Gagnière, avec la collaboration de :

François Beaudoin, Ph. D. obstétricien-gynécologue,

Lucie Lafrance, Ph. D. nutrition,

Karine Lebeurier, physiothérapeute,

Jean-Pierre Pépin, M.D. psychiatre,

Martin St-André, M.D. psychiatre.

Nos remerciements s'adressent aussi à Hélène Gévry, inf. M.Sc., et à Martine Legault, inf. M. Sc., qui ont contribué à la rédaction de la section portant sur les réactions de la fratrie. Ils s'adressent également à Johanne Robitaille qui a assuré le traitement de texte.

Table des matières

Introduction

La naissance d'un enfant est un événement heureux qui nécessite toutefois une période d'adaptation pour toute la famille.

Après l'accouchement, il y aura de grands et de petits bonheurs, mais aussi beaucoup de crainte, d'appréhension et parfois même de déception. Ce livre s'adresse à la nouvelle accouchée de même qu'à tous les membres de la famille afin de répondre aux questions les plus susceptibles de surgir au cours des premières semaines suivant l'accouchement.

Dans un premier temps, il sera question des changements physiques qui surviennent après l'accouchement et des préoccupations majeures qui surgissent lors du retour à la maison. Par la suite, un chapitre traite de l'adaptation du conjoint et de la fratrie à l'arrivée du nouveau bébé. Nous vous offrons ensuite des conseils pratiques sur l'alimentation et des propositions d'exercices physiques. Nous traitons enfin de la question du cafard et de la dépression du post-partum, de la sexualité et de la contraception.

Nous vous invitons à consulter la table des matières et, selon vos besoins, à prendre connaissance d'abord des sujets qui vous touchent plus particulièrement.

Il ne faut surtout pas hésiter à consulter en tout temps une infirmière ou un médecin si vous n'avez pas trouvé de réponse à vos questions.

L'équipe de périnatalité de l'Hôpital Sainte-Justine

Chapitre 1

La période qui suit immédiatement l'accouchement

Au cours des neuf derniers mois, votre corps s'est transformé pour vous permettre de donner naissance à un enfant… votre enfant. D'autres mécanismes se mettent maintenant en place afin de vous aider à retrouver le fonctionnement existant avant votre grossesse. Il s'agit d'un processus qui se fera par étapes et de façon harmonieuse, sur une période d'environ 6 semaines. Cela peut même prendre jusqu'à 9 mois pour retrouver votre poids initial. Il vous faut donc laisser à votre corps le temps de s'adapter à ce changement.

Peut-être vous inquiétez-vous de certaines réactions ou émotions, car vous ne pouvez pas vous les expliquer ? Peut-être vivez-vous des épisodes d'euphorie ou de pleurs ? N'oubliez pas que tout votre corps se réorganise, notamment le système hormonal, ce qui, en partie, peut être à l'origine de vos états d'âme et de vos « états de corps ».

Au cours de la période qui suit immédiatement l'accouchement, il vous faudra d'abord retrouver vos énergies et guérir les petits « bobos ». L'utérus, qui a été grandement modifié, retournera lentement dans la loge pelvienne en subissant de petites variations, notamment en ce qui concerne les pertes vaginales.

Les pertes vaginales

Après la naissance, les débris provenant de l'utérus sont évacués sous forme d'écoulements vaginaux appelé « lochies ». Dans les jours qui suivent l'accouchement, ces pertes subissent des modifications importantes.

À propos de la couleur

Les lochies vont subir un changement graduel de couleur. Durant les premiers jours, elles sont de couleur rouge. Avec le temps, elles pâlissent pour devenir rosées ou brunâtres, puis finalement blanchâtres. Selon les personnes, ces changements peuvent s'échelonner sur une période variant de 3 à 6 semaines après l'accouchement.

À propos de la quantité

La quantité de ces pertes vaginales diminue progressivement durant la période postnatale. Il faut se rappeler que la quantité des pertes est modifiée par les changements de position. Ainsi, lorsque vous êtes couchée, les lochies ont tendance à rester dans le vagin. Toutefois, lorsque vous vous levez, le vagin se vide des débris accumulés. Les pertes sont donc souvent plus abondantes au moment du lever. À cause des contractions de l'utérus, les lochies augmentent également lors de l'allaitement maternel.

Afin de diminuer les risques d'infection, il est recommandé d'attendre que le col de l'utérus soit bien refermé, soit environ 6 semaines après l'accouchement, avant d'utiliser des tampons.

Une fois de retour à la maison, dans quelles circonstances devez-vous communiquer avec votre médecin?

- S'il se produit un saignement vaginal abondant, c'est-à-dire qui nécessite une serviette sanitaire à l'heure;

  ou
- si vous éprouvez une douleur importante et persistante à l'abdomen;

  ou
- si vos lochies dégagent une odeur nauséabonde;

  ou
- si les saignements augmentent au lieu de diminuer;

  ou
- si votre température buccale est plus élevée que 38,5 °C.

Apporter une attention particulière au périnée

Suite à votre épisiotomie ou à des déchirures, vous pouvez ressentir des malaises au niveau du périnée. De plus, le vagin étant situé à proximité du rectum, il existe toujours un risque que les bactéries soient transportées du rectum au vagin et à la plaie, provoquant ainsi une infection. Il s'avère donc important d'accorder une attention particulière à cette région pendant les 4 à 6 semaines qui suivent votre accouchement.

Les soins de l'épisiotomie : quand ? comment ?

Quand effectuer les soins de l'épisiotomie ?

- Après chaque selle.

- Au moment de la toilette personnelle (bain ou douche).
- Avant d'appliquer la crème anesthésiante sur votre épisiotomie; cette crème vous est remise à votre arrivée à l'hôpital.

Vous devez effectuer ces soins durant les 2 premières semaines qui suivent votre retour à la maison. Il faut savoir également que l'épisiotomie prend environ de 7 à 10 jours avant d'être moins douloureuse. Toutefois, il faut prévoir un délai minimum d'environ 4 à 6 semaines avant que l'incision ne soit complètement cicatrisée et la douleur, complètement estompée.

Comment effectuer les soins de l'épisiotomie?

► PREMIÈRE FAÇON

- Se laver les mains et se munir d'une serviette hygiénique, d'une débarbouillette propre et d'un savon doux (ex.: Dove blanc, Ivory).
- Retirer la serviette hygiénique souillée.
- Savonner doucement de l'avant vers l'arrière (de la vulve vers l'anus) et rincer abondamment le périnée à l'eau claire.
- Éponger le périnée de l'avant vers l'arrière (de la vulve vers l'anus) avec une débarbouillette.
- Bien assécher.
- Mettre en place une nouvelle serviette hygiénique.
- Se laver les mains.

► DEUXIÈME FAÇON

Vous pouvez utiliser une douchette (« douche-téléphone ») si vous en possédez une. Vous procédez alors de la même façon qu'avec la douche périnéale de l'hôpital.

> Changez fréquemment votre serviette hygiénique, soit aux 2 à 3 heures, parce que les lochies favorisent la croissance des bactéries, surtout dans un milieu humide, ce qui pourrait ralentir la cicatrisation de l'épisiotomie.

Votre épisiotomie vous fait-elle souffrir?

Pour soulager l'inconfort causé par l'épisiotomie, vous pouvez poser les gestes suivants :

- Dans les premiers jours, appliquer de la glace enveloppée dans une débarbouillette, toutes les 2 à 3 heures, pendant des périodes de 15 à 20 minutes.
- Les premières semaines, favoriser les positions couchée et assise plutôt que debout.
- En position couchée, vous étendre sur le côté, un oreiller placé entre vos genoux.
- En position assise, vous asseoir sur un oreiller en veillant à bien vous adosser. Pour plus de confort, déposer vos pieds sur un petit banc, une fois assise.
- Pendant les changements de position, serrer les muscles du plancher pelvien (voir la section intitulée « Exercices des muscles du plancher pelvien » à la page 56).
- Prendre un bain de siège à l'eau tiède.
- Appliquer de la crème, si votre médecin vous en a prescrit.

Le bain de siège: pourquoi et comment faire à la maison ?

Si les points de l'épisiotomie ou vos hémorroïdes sont douloureux, vous pouvez obtenir un soulagement en prenant,

3 ou 4 fois par jour, un bain de siège à l'eau tiède, durant 15 à 20 minutes. Pour ce faire :

- nettoyer votre baignoire et bien la rincer (vous pouvez également utiliser un bain de siège vendu en pharmacie) ;
- faire couler de l'eau tiède dans la baignoire ou le bain de siège.

Il n'y a pas de contre-indication à ajouter à l'eau des produits adoucissants et non parfumés pour la peau (sel de mer, huile naturelle, etc.).

Comment appliquer la gelée anesthésiante sur l'épisiotomie ?

Après avoir effectué les soins de l'épisiotomie :

- se laver les mains ;
- déposer une petite quantité de gelée (la grosseur d'un pois) sur vos doigts ;
- appliquer délicatement la gelée sur votre épisiotomie ;
- installer votre serviette hygiénique comme à l'habitude ;
- se laver les mains.

Lorsque prescrite, la crème ou gelée anesthésiante procure une diminution de la sensibilité.

Vous n'avez pas d'épisiotomie ?

- Vous devez maintenir une bonne hygiène (bain ou douche à tous les jours) et procéder à un changement fréquent de serviette hygiénique (aux 2-3 heures).
- Si vous ressentez une sensibilité au niveau du périnée, vous pouvez prendre un bain de siège pour vous soulager.

Il est très important de faire des exercices pour renforcer le plancher pelvien après l'accouchement. Vous éviterez ainsi les complications reliées à l'affaissement de ce groupe musculaire, comme les fuites d'urine. Ces exercices vous aideront aussi à augmenter votre plaisir sexuel par un meilleur tonus vaginal. Référez-vous au chapitre 5 portant sur les exercices après l'accouchement.

Vous éprouvez certains problèmes ?

Hémorroïdes et œdème du périnée

Les hémorroïdes sont de petites excroissances formées par la dilatation des veines de la muqueuse de l'anus et du rectum. Elles se développent souvent en fin de grossesse. Elles sont dues à l'effet combiné des hormones et de la pression exercée sur les vaisseaux sanguins situés sous l'utérus. Au moment de l'accouchement, la compression et les efforts de la poussée peuvent également favoriser l'apparition des hémorroïdes. Le manque de tonus des muscles du plancher pelvien peut aussi causer ou prolonger la présence de ce problème.

La mère qui a accouché par césarienne peut, elle aussi, voir apparaître des hémorroïdes après la césarienne. De plus, il n'est pas rare que le périnée présente de l'enflure (œdème) après l'accouchement.

Comment réduire votre inconfort ?

- Prendre un bain de siège dans votre baignoire (ou en utilisant un bain de siège vendu en pharmacie), à l'eau tiède, durant 20 minutes, 2 ou 3 fois par jour.
- Appliquer de la crème sur les hémorroïdes, si cela est prescrit par votre médecin.

- Vous allonger fréquemment sur le côté et éviter la station debout prolongée.
- En position assise, vous asseoir sur un oreiller en veillant à bien vous adosser. Pour plus de confort, déposer vos pieds sur un petit banc, une fois assise.
- Effectuer des contractions douces du plancher pelvien pour favoriser la circulation (voir la section intitulée : « Exercices des muscles du plancher pelvien », à la page 56).
- Prévenir et traiter la constipation.

Constipation et gaz intestinaux

Après l'accouchement, la mère peut souffrir de constipation parce que les muscles abdominaux utilisés pour la défécation ont été étirés durant la grossesse et sont maintenant lâches et moins efficaces. De plus, l'épisiotomie peut être douloureuse et on appréhende la première selle. Des gaz intestinaux sont aussi souvent présents.

Si tel est le cas, employez les moyens suivants pour diminuer la constipation et évacuer les gaz :

- Boire beaucoup d'eau.
- Avoir une alimentation riche en fibres (voir le chapitre 4 « Diète et alimentation »).
- Utiliser un laxatif doux ou un suppositoire de glycérine au besoin.
- Avoir des habitudes régulières de défécation.
- Marcher et faire les exercices postnatals. Porter une attention particulière aux exercices de respiration abdominale et de renforcement des abdominaux (voir le chapitre 5 « Exercices postnatals »)

- Effectuer des massages de l'abdomen pour stimuler le transit intestinal et évacuer les gaz.

Massage de l'abdomen

Le massage de l'abdomen vous soulagera des gaz en plus de stimuler le travail de vos intestins. Pour ce faire, exercer une légère pression du plat de la main en effectuant de petits cercles :

- commencer le massage par le bas du ventre, du côté droit ;
- monter puis masser de la droite vers la gauche, en décrivant un grand cercle autour du nombril;
- terminer en bas du ventre, du côté gauche.

Répéter de 3 à 5 fois, toutes les 2 à 3 heures.

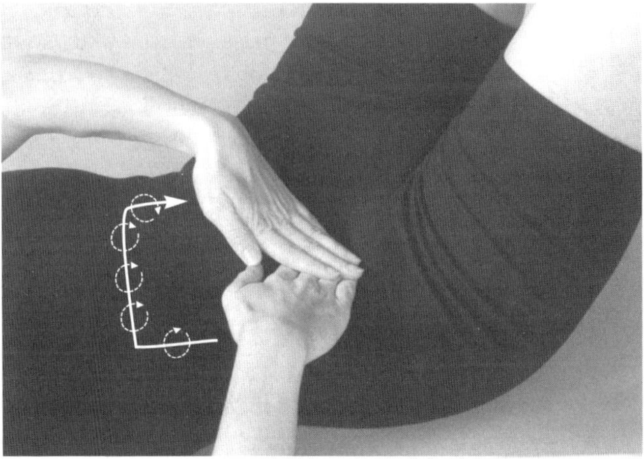

Vous craignez d'aller à la selle ?

Pour favoriser l'évacuation des selles suite à l'accouchement, il est d'abord important d'**éviter la constipation**, car une selle dure ou sèche est plus difficile à expulser et la défécation demande alors un plus grand effort de poussée.

Voici quelques trucs pour vous aider lors des premières selles :

- Ne pas retarder le moment de votre première selle afin d'éviter la constipation.
- Pour déféquer, attendre d'en ressentir le besoin.
- Soutenir la partie avant de votre plancher pelvien avec une serviette hygiénique si vous craignez que la première défécation soit douloureuse.

Technique pour faciliter l'évacuation des selles

Utilisez la technique suivante pour faciliter l'évacuation des selles. La position suggérée favorise la défécation, sans créer une pression trop grande qui pourrait causer de l'inconfort au niveau des hémorroïdes ou des points de suture :

- S'asseoir avec les pieds écartés bien en appui, si possible plus haut que le sol (par exemple, sur deux annuaires téléphoniques), puis coller les genoux ensemble.
- Pour faciliter l'expulsion de la première selle, vous pouvez alors vous pencher légèrement vers l'avant en gardant le dos droit.

- Sortir doucement l'air de vos poumons en soufflant dans votre poing fermé devant la bouche et en rentrant lentement le ventre en ceinture.
- Éviter de bloquer votre respiration.

Douleurs du bassin

Dans le processus qui mène à la naissance, le bassin de la femme subit des changements importants. Habituellement très stable et bougeant d'un seul bloc, le bassin devient plus mobile durant la grossesse. Les ligaments qui attachent les os du bassin ensemble deviennent plus souples et permettent ainsi à ces derniers de bouger et de s'écarter pour offrir un passage adéquat au bébé.

Suite à l'accouchement, il se pourrait que vous ressentiez un inconfort au niveau des articulations du bassin car elles auront effectué des mouvements inhabituels.

Ces douleurs peuvent être ressenties dans deux régions :

- au niveau de la symphyse pubienne (en avant, au niveau du pubis) ;
- au niveau des articulations sacro-iliaques (en arrière, dans les fossettes au-dessus des fesses).

Vous aurez peut-être l'impression, quand vous changez de position, que votre bassin « n'est pas stable », qu'il « est ouvert » ou qu'il « pourrait craquer ». Ces sensations sont normales si leur intensité est tolérable et ne vous empêche pas de changer de position en douceur ou de dormir. Dans la grande majorité des cas, elles diminueront rapidement dans les premiers jours suivant l'accouchement. Un léger inconfort peut parfois demeurer pendant plusieurs semaines lors de certaines activités, mais il sera judicieux de consulter un médecin si les douleurs persistent.

Dans les premiers jours, **pour aider le bassin à bien récupérer**, il est important de prendre suffisamment de repos. Pour ce faire, vous pouvez :

- Vous assurer d'avoir de l'aide pour les premiers jours qui suivent le retour à la maison.
- Éviter de vous installer les jambes écartées (en « V » ou en tailleur).
- Éviter, autant que possible, la course et les escaliers ainsi que les longues stations debout ou les marches prolongées.
- Vous coucher sur le côté avec un oreiller entre les jambes, ou sur le dos avec un oreiller sous les genoux.
- En position assise, vous asseoir sur un oreiller en vous assurant d'un bon appui dorsal. Pour plus de confort, déposer vos pieds sur un petit banc, une fois assise.

Pour soulager la douleur du bassin, vous pouvez :

- Appliquer de la glace au niveau du pubis dans les premiers jours. La glace doit être enveloppée dans une serviette humide et appliquée pendant 15 à 20 minutes, toutes les 2 à 3 heures.
- Utiliser une bande de support pelvien afin de vous aider à soutenir le bassin et lui offrir un repos supplémentaire. Cette bande peut être remplacée par un legging ou des bas de nylon qu'on attache autour du bassin.
- Commencer les exercices de renforcement des muscles pelviens et abdominaux. Leur renforcement graduel joue

un rôle important dans la stabilité de votre bassin (voir les sections « Exercices des muscles du plancher pelvien », en page 56, et « Exercices des muscles abdominaux », en page 61).

Si les douleurs du bassin sont très intenses, qu'elles vous empêchent de bouger ou de marcher sur une courte distance ou que vous présentez d'autres symptômes comme des engourdissements, une perte de force ou un manque de contrôle de vos jambes, il est important d'en aviser votre médecin afin de faire établir la cause exacte de ces problèmes.

Douleurs au dos

Comme le bassin, le dos a subi beaucoup de changements posturaux pendant la grossesse. De façon générale :

- le bas du dos (région lombaire) devient plus arqué ;
- les muscles lombaires sont plus tendus ;
- les articulations de la colonne vertébrale sont parfois douloureuses.

D'autre part, les muscles de votre ventre (muscles abdominaux) travaillent généralement de concert avec ceux de votre dos pour faciliter les mouvements de votre dos et le protéger d'un trop grand effort. Suite à votre grossesse, vos muscles abdominaux sont étirés, ce qui rend leur travail moins efficace. Ils soutiennent donc moins le dos dans ses tâches quotidiennes.

Après l'accouchement, il est donc possible que des douleurs au dos persistent. Pour les soulager, vous pouvez :

- Éviter les longues périodes en position debout ou la marche.

- Vous coucher sur le côté, un oreiller glissé entre les jambes. Pour plus de confort, placer un petit oreiller sous votre taille, afin de remplir et de soutenir le creux existant entre votre bassin et vos côtes.
- Vous coucher sur le dos avec un oreiller sous les genoux.
- En position assise, vous asseoir sur un oreiller en veillant à bien vous adosser. Pour plus de confort, déposer vos pieds sur un petit banc, une fois assise.
- Porter une attention particulière à vos postures d'allaitement. Nous vous suggérons de consulter l'annexe 4 « La mère qui allaite et les douleurs occasionnées par une mauvaise posture » du livre intitulé *L'allaitement maternel* (voir Ressources).
- Commencer graduellement à renforcer vos muscles abdominaux afin de libérer votre dos d'une trop grande charge de travail à long terme (voir la section intitulée « Exercices des muscles abdominaux », en page 61).

Œdème

Il arrive que l'enflure des jambes et des bras persiste après l'accouchement ; il peut même augmenter dans les heures qui suivent la naissance du bébé. Vous pouvez diminuer cet œdème en faisant certains exercices.

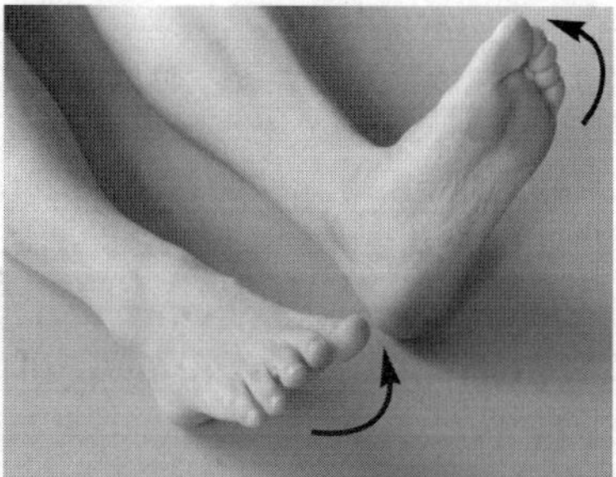

- Effectuer des rotations des chevilles et des poignets en bougeant les orteils et les doigts ; vos pieds et vos mains doivent être élevés au-dessus de votre cœur. Répéter les rotations dans les deux sens, pendant 2 à 3 minutes, toutes les 2 à 3 heures.

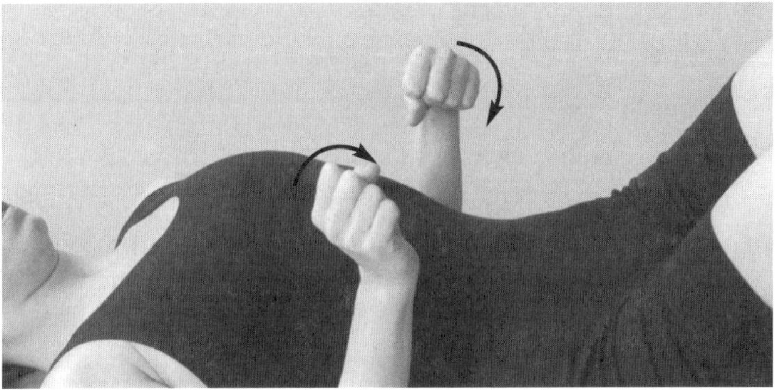

- Des massages peuvent aussi stimuler la circulation sanguine. Effectuer les massages du bout des pieds vers les genoux, et du bout des mains vers les coudes (des extrémités vers le cœur).

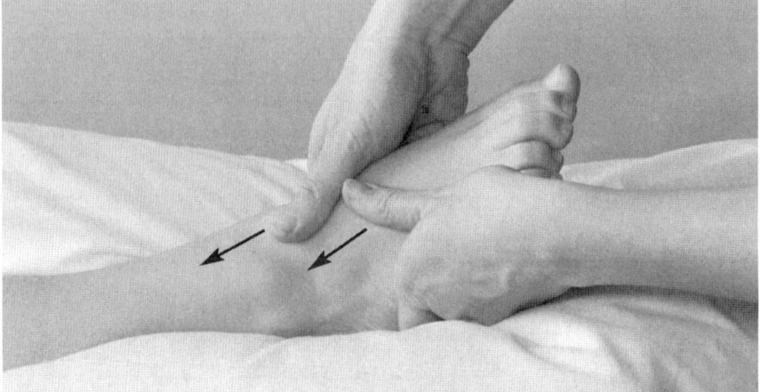

Si vous remarquez une enflure localisée ou inégale d'un membre par rapport aux autres ou la présence de chaleur, de douleur ou de rougeur, il est très important d'en aviser votre médecin et de ne pas effectuer les exercices et massages circulatoires avant l'accord médical.

Engourdissement des mains : syndrome du tunnel carpien

Comme le soulignent plusieurs ouvrages traitant de la maternité, le syndrome du tunnel carpien est une affection qui se présente parfois durant la grossesse et qui se caractérise par un ou plusieurs des symptômes suivants :

- des sensations d'engourdissement ou de brûlure dans certains doigts ;
- des raideurs de certaines articulations de la main ;
- une diminution de la force ou de la coordination fine de la main.

Ce syndrome peut résulter de diverses causes dont :

- la présence d'œdème (enflure) ;
- des mouvements répétitifs des mains ;
- des postures inadéquates.

De façon générale, cette condition se résorbe spontanément après l'accouchement, mais elle peut parfois persister et même ne se présenter que dans la période suivant l'accouchement.

Si les symptômes persistent malgré des postures d'allaitement adéquates, il faut consulter un professionnel de la santé afin d'être orientée vers des traitements de physiothérapie ou vers un médecin qui saura offrir, le cas échéant, un traitement approprié ou clarifier le diagnostic. En effet, plusieurs conditions différentes (tendinites, problèmes cervicaux ou posturaux, problèmes circulatoires ou autres) peuvent présenter des symptômes similaires; or, il est essentiel de bien définir la cause du problème afin de le traiter adéquatement.

Engorgement des seins

*Si vous allaitez**

► La montée de lait

La montée de lait fait habituellement son apparition entre le 2e et le 5e jour après l'accouchement. Vos seins deviennent de plus en plus fermes, chauds et quelquefois douloureux. La meilleure façon de prévenir les problèmes que peut occasionner une montée de lait est de mettre votre bébé au sein fréquemment et de le laisser téter tant qu'il en a besoin.

► Engorgement normal

Si vos seins se gonflent, mais qu'ils demeurent souples au toucher, et si votre bébé est toujours capable de bien téter, vous pouvez appliquer des **compresses tièdes** sur vos seins pendant 1 ou 2 minutes pour favoriser l'écoulement.

► Engorgement sévère

Si vos seins deviennent tendus, très durs et douloureux, et que votre bébé a de la difficulté à prendre le sein (certains

---

* Ces conseils sont tirés du livre *L'allaitement maternel* (voir Ressources).

bébés n'y arrivent pas du tout !), il est préférable de **ne pas appliquer des compresses chaudes**. Ceci pourrait augmenter l'enflure.

Il vous faut alors appliquer des **compresses froides** sur vos seins pour diminuer l'enflure, comme dans le cas d'une foulure. Il y a différentes méthodes que vous pouvez utiliser :

- débarbouillettes ou petites serviettes mouillées, pliées, placées dans un sac de plastique qu'on met au congélateur ;
- sac de petits pois congelés qu'on enveloppe d'un tissu mince ;
- glace concassée dans un sac de plastique qu'on enveloppe d'un tissu mince ;
- feuilles de chou* propres (rincées à l'eau froide) qu'on applique sur les seins à l'intérieur du soutien-gorge.

Appliquez des feuilles de chou pendant 30 à 40 minutes. Si vous utilisez de la glace, limitez le temps d'application à un maximum de 20 minutes avec une période de repos de 1 heure entre chaque application.

Essayez de mettre votre bébé au sein ou d'exprimer votre lait, de préférence avec un tire-lait électrique automatique, sinon l'expression manuelle ou l'utilisation d'un tire-lait manuel peut être tentée.

* Les feuilles de chou sont souvent plus confortables et plus pratiques puisqu'elles se placent dans le soutien-gorge. Il n'est donc pas nécessaire de les tenir. Vous pouvez ainsi continuer à vaquer à vos occupations habituelles sans être incommodée. Plusieurs études scientifiques nous rapportent l'efficacité des feuilles de chou pour soulager et réduire l'enflure lors d'un engorgement.

► SI LE LAIT SORT DIFFICILEMENT OU NE SORT PAS DU TOUT :

- Appliquez à nouveau les feuilles de chou pendant une autre période de 30 à 40 minutes.
- Essayez de remettre votre bébé au sein ou d'exprimer à nouveau votre lait. Votre lait se mettra à couler librement lorsque l'enflure des tissus de votre sein aura suffisamment diminué.
- Communiquez avec le département du post-partum d'un l'hôpital ou avec un centre local de services communautaires en cas d'échec. Une infirmière spécialisée en allaitement pourra sûrement vous aider.
- Donnez à votre bébé à l'aide d'un compte-gouttes le lait que vous aurez exprimé pour le faire patienter jusqu'au moment où le sein sera suffisamment souple et la prise du sein, facile.

L'engorgement lié à la montée laiteuse dure habituellement de 48 à 72 heures.

Si vous donnez le biberon

- Suivez les conseils précédents concernant les **compresses froides.**
- Vous pouvez exprimer un peu de lait pour vous soulager.

Pour votre confort, vous pouvez porter un soutien-gorge jour et nuit.

Chapitre 2

Le retour à la maison

Dans le cas d'un accouchement par voie vaginale

Vous pouvez prendre une douche ou un bain dès votre retour à la maison. Les huiles et mousses parfumées étant irritantes, nous vous conseillons de n'employer ces produits que si vous les avez bien tolérés par le passé.

Les points de l'épisiotomie devraient se résorber au cours des prochains 10 jours. Il est possible que vous retrouviez quelques petits fils sur votre serviette hygiénique et même sur le papier de toilette. Ne vous alarmez pas, cela est normal.

Reprise des activités

Il est tout à fait légitime de se sentir fatiguée, vidée et épuisée dans les semaines qui suivent la naissance du bébé. En effet, vous avez probablement mal dormi vers la fin de votre grossesse, l'accouchement vous a demandé une dépense d'énergie importante et vous devez maintenant vous adapter à ce nouveau rôle de parent.

Nous vous suggérons donc d'éviter les travaux exigeant des efforts soutenus (passer l'aspirateur, faire le grand ménage) durant les trois semaines qui suivent le retour à la maison.

Durant la journée, tentez de profiter de la sieste de bébé pour prendre du repos. Toutefois, cela s'avère particulièrement difficile lorsque la famille compte plus d'un enfant. Si c'est votre cas, vous pourriez avoir recours occasionnellement à une amie, à une voisine ou à vos parents. L'idéal serait de prévoir de l'aide à la maison au cours des semaines qui suivent l'accouchement.

La participation du père aux tâches domestiques et aux soins du bébé doit être encouragée afin de laisser davantage de répit à la mère. Discutez-en avec votre conjoint avant le retour à la maison.

Quant aux activités sportives (randonnée pédestre, bicyclette, natation, ski de fond, etc.), vous pouvez les reprendre progressivement de 4 à 6 semaines après votre accouchement. Pour les sports qui demandent plus de vigueur ou qui impliquent des sauts (course à pied, danse aérobique, sports de raquette, ski alpin en terrain accidenté, etc.), il est recommandé d'attendre de 3 à 4 mois après l'accouchement avant de les reprendre, car ils demandent plus de coordination et d'endurance ainsi qu'une bonne force du plancher pelvien.

Dans le cas d'un accouchement par césarienne

Dès votre retour à la maison, il est permis de prendre une douche ou un bain. Les huiles et mousses parfumées étant irritantes, nous vous conseillons de n'employer ces produits que si vous les avez bien tolérés par le passé. Quant aux petits collants blancs (appelés *stéri-strips*) qui recouvrent votre incision, ils tomberont d'eux-mêmes ; s'ils se détachent avant 10 jours, remplacez-les car ils diminuent la tension exercée sur la peau, ce qui contribue à la guérison. Vous pouvez vous les procurer en pharmacie ou vous faire des diachylons maison.

Si les bords de la plaie deviennent rouges, enflés et rigides, puis se séparent et laissent échapper un liquide jaunâtre et du sang, il est conseillé de :

- vérifier sa température aux 4 à 6 heures (les normales de température buccale se situent entre 97 et 99,5 °F ou entre 36 et 37,5 °C) ;
- prendre un bain 2 ou 3 fois par jour pour immerger la plaie ;
- ou bien nettoyer la plaie et l'humidifier avec une débarbouillette propre et passée à l'eau tiède, 3 ou 4 fois par jour, durant 20 minutes.

En cas de température

- Prendre 1 à 2 comprimés de Tylénol (325 mg par comprimé).
- Communiquer sans tarder avec votre médecin afin que ce dernier puisse suivre l'évolution de l'infection.

Une fois la plaie guérie, vous remarquerez probablement que la peau entourant votre incision est moins sensible qu'auparavant. Ce phénomène est passager et tout à fait normal, car les terminaisons nerveuses de la peau ont été sectionnées au moment de la césarienne. Avec le temps, la peau retrouvera graduellement sa sensibilité.

Reprise des activités

Après une césarienne, nous vous suggérons de reprendre vos activités très progressivement. Idéalement, vous devriez bénéficier d'aide à la maison durant les **deux premières**

semaines, afin de vous consacrer uniquement à votre hygiène personnelle ainsi qu'aux soins de votre nouveau-né. En d'autres mots, vous ne devriez pas être plus active que durant votre séjour à l'hôpital.

Durant cette période, ne soulevez pas de poids excédant celui de votre bébé. Si vous habitez un cottage, pensez à regrouper vos activités afin d'éviter de monter ou de descendre les escaliers inutilement.

Il faut respecter ces restrictions car, au moment de la césarienne, le médecin a coupé puis recousu l'enveloppe de certains muscles.

Vous pouvez reprendre la natation et les cours postnatals en piscine dès que les pertes vaginales ne nécessitent plus l'utilisation d'une serviette ou d'un tampon hygiénique et que la cicatrice abdominale est bien guérie.

Quant aux autres activités sportives (randonnée pédestre, bicyclette, ski de fond, etc.), vous pouvez les reprendre progressivement, mais pas avant 3 mois après l'accouchement. Pour les sports demandant plus de vigueur ou impliquant des sauts (course à pied, danse aérobique, sports de raquette, ski alpin en terrain accidenté, etc.), il est recommandé d'attendre de 4 à 5 mois après l'accouchement avant de les reprendre, car ils demandent plus de coordination et d'endurance ainsi qu'une bonne force du plancher pelvien et des abdominaux.

Autres informations

Visite chez le médecin

Même si vous n'éprouvez aucun problème, il convient de prendre rendez-vous avec votre médecin de 6 à 8 semaines après votre accouchement afin que ce dernier puisse procéder à :

- un examen gynécologique;
- une cytologie du col ou Paptest;
- une mise au point de la contraception.

Retour au travail

Vous devriez pouvoir retourner au travail 8 semaines après votre accouchement. Vous êtes alors apte à exécuter n'importe quelle tâche, à quelques exceptions près.

À qui s'adresser en cas de besoin?

En cas de besoin ou pour obtenir des renseignements, vous pouvez communiquer avec votre médecin ou avec le personnel de l'unité où vous avez été hospitalisée.

De plus, peu de temps après votre retour à la maison, il est fort probable qu'une infirmière du CLSC de votre région vous téléphonera. Elle s'informera du déroulement de votre accouchement, de votre état de santé actuel et de celui de votre bébé. Il est aussi possible qu'elle offre d'aller vous visiter à domicile.

Certains CLSC ont mis sur pied des groupes d'entraide. Ces groupes se composent de femmes qui ont reçu une formation spéciale les préparant à assumer cette forme de bénévolat. De plus, elles ont accouché d'un ou de plusieurs enfants et, sous la supervision d'une infirmière, elles peuvent vous aider à trouver des solutions en regard de certaines difficultés que vous pouvez éprouver avec votre bébé. L'allaitement maternel est l'une de leurs principales préoccupations.

CHAPITRE 3

L'ENGAGEMENT DU PÈRE ET LES RÉACTIONS DE LA FRATRIE

Le rôle du père

Vivre la grossesse à deux

On réalise de plus en plus qu'une grossesse se vit à deux. Il n'est pas rare aujourd'hui de rencontrer des hommes aux cours prénatals. D'autres préfèrent les visites à deux chez le médecin ou des lectures faites en commun. Enfin, certains préfèrent assister à l'échographie. Chaque homme a sa façon de s'engager durant la grossesse.

Après neuf mois d'attente, le grand moment est finalement arrivé. Pour les deux conjoints, le travail et l'accouchement ne sont pas nécessairement de tout repos. Comme sa conjointe, l'homme ressent de la fatigue ; certaines émotions peuvent également l'envahir.

Selon le déroulement de la grossesse et de l'accouchement, il peut se sentir anxieux, agressif, coupable, impuissant ou, au contraire, content, comblé et même euphorique.

L'arrivée d'un nouveau bébé

Si l'homme en est à ses premières armes comme père, il lui faut profiter du séjour à l'hôpital pour faire ample provision de « petits trucs ». Il est important qu'il profite du soutien que peuvent lui offrir les membres du personnel hospitalier dans l'acquisition de connaissances et le développement d'habiletés qui lui seront utiles en tant que parent. Cette période lui fournit également l'occasion d'établir, avec de petits gestes, un lien significatif avec le bébé.

Une fois de retour à la maison, le rôle du nouveau père prend une autre dimension. La nouvelle accouchée a besoin de lui pour partager la responsabilité des soins de l'enfant. Même lorsque la famille et l'entourage s'offrent à lui prêter main-forte, certains besoins importants restent encore à combler. Et c'est là que le rôle du conjoint est précieux.

Inutile de se le cacher, l'arrivée d'un nouveau bébé dans la famille demande une certaine adaptation, surtout si le conjoint est un « primipère ». Très souvent, la nouvelle maman a tendance à consacrer beaucoup d'attention au bébé, à tel point que des tensions dans le couple peuvent survenir. D'autre part, le père aussi souhaite développer une relation privilégiée avec son enfant et ressent le désir de s'engager dès maintenant.

L'importance du rôle du père n'est plus à démontrer. Plusieurs recherches viennent régulièrement confirmer les effets positifs de l'engagement du père sur lui-même comme sur son enfant. Un tel engagement sécurise l'enfant et, à long terme, l'aide à s'affirmer et à s'identifier, contribuant ainsi à son équilibre et à son bonheur. D'autre part, plus le père s'engage tôt auprès de son enfant, plus la qualité de la relation qu'il développe avec lui est satisfaisante, enrichissante et durable et ce, au grand profit de toute la famille.

Comment s'engager ?

Durant les moments consacrés aux soins physiques, psychologiques et matériels de leur enfant, les conjoints jettent les bases d'une nouvelle collaboration. L'un et l'autre réalisent que le projet d'avoir un bébé est intimement partagé. La participation du père offre, de plus, un certain répit à la mère qui peut alors se permettre des moments de détente particulièrement précieux durant la période postnatale.

Quant au père lui-même, il découvre qu'entrer en relation avec son bébé lui apporte beaucoup de joie et de satisfaction.

S'engager, oui, mais comment ? À vrai dire, il n'existe pas de recette, car chaque situation est unique. C'est à deux que les conjoints trouvent la réponse. Les choix ne manquent pas ! Donner le bain au bébé, le changer, le consoler en le berçant, l'emmener à sa mère lorsqu'il s'éveille pour l'allaitement, lui faire passer ses rots, etc., sont autant de façons de développer une relation intime avec le nouveau-né.

Le père peut aussi partager les travaux ménagers comme la préparation des repas et les courses à l'épicerie. Il peut également s'occuper des autres enfants s'il y a lieu.

Devenir un grand frère ou une grande sœur

C'est à l'arrivée d'un nouvel enfant dans une famille qui en compte déjà un ou plusieurs que les mots « frère » et « sœur » prennent toute leur signification. Petit à petit, des liens vont se créer entre les enfants. Oscillant entre la complicité et la rivalité, ce lien de fratrie demeure unique et immuable.

L'arrivée d'un nouveau-né nécessite de la part de l'enfant une capacité d'adaptation importante. Il réagit de diverses façons selon sa personnalité, son âge, son rang dans la famille et le type de lien établi avec chacun des parents.

L'enfant, grand frère ou grande sœur, réagit nécessairement à l'annonce de la grossesse ou à l'approche de l'accouchement de sa mère. Mais c'est surtout après la naissance du bébé que se manifestent chez lui les véritables changements.

Comme la plupart des parents, vous pouvez voir votre enfant régresser, c'est-à-dire adopter des comportements qu'il avait abandonnés pour passer à une autre étape de son développement. Par exemple, il est possible qu'il recommence à mouiller sa culotte ou qu'il réclame la sucette qu'il avait abandonnée.

Il va sans dire que plus les apprentissages sont récents (la propreté, l'abandon de l'objet préféré, etc.), plus la régression est possible. Bien que chaque enfant soit différent, le sommeil, l'alimentation, l'élimination et le comportement général sont habituellement affectés.

Le sommeil

Il est possible que votre enfant ne veuille plus aller au lit, qu'il ait de la difficulté à s'endormir seul et qu'il ait à nouveau recours à l'objet familier ou à la sucette délaissée depuis un certain temps. Il peut faire des cauchemars, se réveiller en pleurs et réclamer la présence d'un parent pour retrouver le sommeil. Il peut également demander à dormir avec vous ou dans votre chambre, tout comme le nouveau-né.

L'alimentation

De nombreux jeunes enfants vont demander à boire au biberon ou au sein comme le bébé. Ce comportement est bien connu et habituellement passager. Cependant, d'autres aspects de l'alimentation de votre enfant peuvent être modifiés. Par exemple, son appétit peut diminuer et ses goûts, changer subitement. Il peut désirer être nourri à la cuillère ou jouer avec ses aliments, rendant ainsi l'heure du repas pour le moins tendue.

L'élimination

Votre enfant était propre et, tout à coup, il recommence à mouiller ou à salir sa culotte. Il désire porter des couches comme le bébé. Il peut lui arriver de s'échapper la nuit et de mouiller son lit.

Le comportement général

L'insatisfaction et l'inconfort face à la venue du bébé peuvent se manifester chez votre enfant de multiples façons. Il cherche fréquemment à obtenir votre attention, particulièrement lorsque vous donnez des soins au bébé. Il peut revenir au langage enfantin et faire réapparaître l'ami imaginaire. Ce personnage est disponible en tout temps et peut combler le manque d'attention ressenti par votre enfant.

L'enfant exprime différents sentiments, allant de la colère à la tristesse en passant par l'agressivité et la passivité. Il peut diriger son agressivité vers le nouveau-né, le pincer, le mordre, le serrer très fort ou encore le frapper. Vous, tout comme le nouveau-né, pouvez être l'objet de ses sautes d'humeur.

Tous ces comportements sont des réactions possibles qui sont susceptibles de vous alarmer. Heureusement, les enfants ne les adoptent pas nécessairement, et la venue du nouveau-né peut être une occasion de croissance pour votre enfant. En effet, de nombreux enfants deviennent, au contact du bébé, plus autonomes et passent à la prochaine étape de leur développement plus rapidement. Ils sont maintenant des grands frères et des grandes sœurs ! Ils s'amusent plus facilement seuls, mangent seuls, complètent aisément leur entraînement à la propreté et délaissent leur sucette ou acceptent plus facilement d'être séparés temporairement de leurs parents.

Comment favoriser l'adaptation ?

Divers moyens favorisent l'adaptation de l'enfant à l'arrivée du nouveau-né.

Votre enfant sera sans doute impatient de vous rendre visite à l'hôpital et de faire la connaissance de son petit frère ou de sa petite sœur. Cette première rencontre avec le bébé est très importante pour lui ; aussi faut-il prévoir un moment pour faire les présentations. Si cela est possible, encouragez votre enfant à prendre le bébé. Vous pouvez l'asseoir confortablement avec un oreiller sous le bras afin qu'il puisse soutenir la tête du nouveau-né. Ce premier geste d'intimité est riche en significations et permet d'amorcer un lien d'attachement entre lui et le bébé.

Au retour à la maison, l'enfant entrevoit plus précisément le changement de son rôle au sein de la famille. Il devient un grand frère ou une grande sœur. Il commence à prendre conscience qu'il y a des avantages à être un « grand » et des inconvénients à être un bébé. Il peut également participer aux soins du bébé : aller chercher une couche, vous avertir quand le bébé pleure, vous donner le savon quand vous baignez le bébé, choisir ses vêtements, etc.

Si votre enfant désire être avec vous alors que vous nourrissez le bébé, installez-le tout près avec un livre, un casse-tête ou un jeu. Il saura que vous êtes aussi avec lui pendant que vous donnez des soins au bébé.

Trouver du temps pour être seul avec votre enfant, voilà qui constitue un bon moyen de lui démontrer les sentiments d'amour que vous lui portez. Identifiez les activités que vous aimeriez faire avec votre enfant et n'hésitez pas à faire appel aux grands-parents, aux tantes, aux oncles et aux amis qui, eux aussi, souhaitent sans doute consacrer du temps à votre aîné.

L'enfant peut désirer parler du bébé à ses compagnons de la garderie ou de l'école ; encouragez-le à le faire.

Malgré tous vos efforts en vue de bien préparer votre enfant, il n'en demeure pas moins que votre famille vit des changements et que votre enfant ne manquera pas d'y réagir. Chaque enfant, comme chaque parent et chaque couple, est unique ; il n'existe donc pas de réponse universelle. Cependant, certaines attitudes semblent plus adéquates que d'autres. Il vous revient en tant que parents de choisir celles qui sont conformes à vos valeurs.

Des attitudes à privilégier

- Accepter qu'il soit normal que l'enfant réagisse à la naissance du bébé.
- S'attendre à ce que sa réaction soit semblable à celle qu'il a eue lors de situations stressantes antérieures.
- Reconnaître que l'attachement entre l'aîné et le nouveau-né se développe avec le temps, tout comme l'attachement entre le parent et l'enfant.
- Rassurer l'enfant quant à l'amour que vous lui portez.
- Accepter qu'il soit réticent à participer aux soins du bébé ou à partager ses jouets.
- Faire preuve de beaucoup de patience lorsqu'il n'agit pas comme vous le souhaitez.
- Discuter entre conjoints des réactions ou des comportements jugés acceptables et inacceptables chez l'enfant et des gestes à poser comme parents.
- Éviter, à cette période, de faire vivre à votre enfant de grands changements (déménagement, changement de garderie, entraînement à la propreté, sevrage de la sucette, etc.).

- Conserver votre sens de l'humour.
- Avoir confiance en vos capacités et en votre jugement.

Vous avez su être de bons parents pour les aînés. Vous possédez toutes les capacités et la créativité nécessaires pour vous adapter à cette nouvelle situation familiale.

Chapitre 4

Diète et alimentation

L'alimentation, durant une grossesse normale (sans diabète) et après l'accouchement, est en tous points semblable à une alimentation normale, sauf en ce qui a trait aux quantités. En effet, les portions doivent être augmentées afin de répondre aux besoins de la grossesse et de l'allaitement.

Une alimentation équilibrée et adaptée aux besoins spécifiques de la femme qui allaite devrait donc comprendre :

- des produits céréaliers en quantité suffisante (de 5 à 12 portions par jour) ;
- des fruits et des légumes (en tout, de 5 à 10 portions par jour) ;
- des produits laitiers (de 3 à 4 portions par jour) ;
- des aliments provenant du groupe des viandes et substituts (de 2 à 3 portions par jour).

Constipation

L'un des problèmes chroniques à survenir durant la grossesse et pouvant persister après l'accouchement est la constipation. Pour l'éviter, une alimentation riche en fibres est recommandée.

nent la structure ou la charpente des végétaux. mple, une pomme ; la pelure et la pulpe sont tes particules qui emprisonnent le jus où se trouvent les fibres. Quand vous croquez dans la pomme, vous absorbez les glucides, les vitamines et les minéraux. Les résidus, pelure et pulpe, ne sont pas digérés par l'organisme. Ces fibres, qui arrivent à l'intestin où elles gonflent grâce aux liquides bus en abondance, dilatent l'intestin et entraînent avec elles les déchets intestinaux. Cela facilite le rejet des selles, qui sont expulsées à l'extérieur avec plus d'aisance et de régularité.

Les aliments riches en fibres

- Céréales, gaufres, muffins et pains (à grains entiers, de son, 100 % blé, avoine, etc.)
- Semoules (de son, de blé, de maïs, de riz)
- Légumineuses : pois, haricots secs, lentilles
- Fruits : fruits frais (avec pelure), baies, fruits secs, avocats
- Légumes : pommes de terre (avec pelure), pois, épinards, choux, brocoli, maïs, courges, etc.

N'oubliez pas de lire les étiquettes sur les enveloppes de pains et de céréales pour choisir les produits les plus élevés en fibres.

Anémie ferriprive

Le sang est le liquide nourricier qui assure le bon fonctionnement de l'organisme. Plusieurs éléments, dans des quantités très précises, composent le sang. Le fer en fait partie.

On observe de l'anémie quand la quantité de fer dans le sang est basse. Dans ce cas, l'alimentation n'a pu fournir la quantité de fer nécessaire aux besoins.

Les différentes causes

L'anémie ferriprive peut être causée par les conditions ci-dessous.

- Des pertes de sang : menstruations, accouchement, hémorragie, chirurgie.
- Une augmentation des besoins en fer : croissance, grossesse, maladies.
- Une alimentation trop pauvre en viandes, volaille, poissons.

Il est à noter que les femmes sont plus à risque que les hommes.

On peut corriger l'anémie par un régime approprié, par des comprimés de sulfate ferreux, par des injections de sulfate ferreux ou encore par des transfusions de sang. Le choix dépendra de la gravité de l'anémie.

Ce qu'il faut savoir

- Le fait de modifier son alimentation pendant une à deux semaines ne suffit pas à traiter une carence en fer ; il faut prévoir une période de plusieurs mois.
- L'apport total du régime en protéines, en vitamines et en minéraux est essentiel pour que le fer soit bien absorbé.
- Le Guide alimentaire canadien (GAC) bien suivi répond à tous ces besoins.

- Un groupe de diététistes a élaboré des versions du GAC adaptées aux habitudes alimentaires de plusieurs pays. Demandez-les à l'infirmière au besoin.

De bonnes sources alimentaires de fer

Le fer se présente dans les aliments sous deux formes :

- le fer d'origine animale, bien absorbé par l'organisme ;
- le fer d'origine végétale, faiblement absorbé par l'organisme.

Le fer d'origine animale bien absorbé

Abats

Foie, rognon, cœur, langue, rate.

Mollusques et crustacées

Huîtres, moules, palourdes, crevettes, escargots de mer, pieuvre.

Viandes

Cheval, bœuf, agneau, lapin, porc, veau.

Charcuteries : pâté de foie, saucisson de foie, boudin, rôti de bœuf froid.

Volailles

Dinde, poulet (surtout cuisses), canard, etc.

Le fer d'origine végétale moins bien absorbé

Noix, graines, légumineuses et légumes

Haricots, fèves, pois secs, lentilles, soupes aux pois, aux lentilles, chili con carne, fèves au lard, riz collant, humus, algues, noix et graines, haricots verts, fruits secs, manioc (cassave).

Céréales

Céréales à déjeuner enrichies de fer.

Conseils pour une meilleure absorption du fer

- Ne pas prendre de produits laitiers aux repas, mais une heure après. Prendre plutôt un jus de fruits enrichi de vitamine C.
- Inclure une source de viande, de volaille ou de poisson dans deux des repas de la journée.
- Inclure une source de vitamine C à ces repas (jus enrichis de vitamine C). Fruits : orange, citron, pamplemousse, clémentine, mangue, kiwi, cantaloup, tomate.
- Éviter le thé et le café, surtout aux repas comprenant de la viande, de la volaille ou du poisson.
- Cuire les aliments dans des casseroles d'acier inoxydable plutôt que dans des casseroles de verre.
- Consommer la viande ayant servi à préparer les bouillons, car les bouillons seuls ne contiennent pas de fer.

Si des comprimés de sulfate ferreux ont été prescrits par le médecin :

- Commencer à prendre les comprimés après la première selle.
- Il est important de les acheter et de les prendre tels que prescrits. Vous récupérerez plus rapidement de la fatigue de l'accouchement. Le coût de ces comprimés est peu élevé.
- Pour favoriser une bonne absorption, prendre les comprimés une heure avant ou une heure après l'ingestion de produits laitiers.
- Même si les comprimés vous causent des désagréments, persistez dans votre démarche. Prenez-les de la façon qui vous convient le mieux et au moment de la journée où vous avez le moins de difficulté à les digérer.

- Si le sulfate ferreux vous incommode trop, diminuez la dose à 1 ou 2 fois par semaine ; c'est mieux que de ne rien prendre du tout.

Autres problématiques

Les édulcorants durant l'allaitement

Les substituts du sucre sont utilisés :

- pour un meilleur contrôle de la glycémie chez les diabétiques ;
- dans l'espoir d'une perte de poids rapide.

Ces substituts ne sont pas dangereux, mais il est préférable d'utiliser des sucres naturels (fruits ou jus de fruits) en quantité réduite.

Les personnes diabétiques

Après l'accouchement, le contrôle de la glycémie est moins sévère que durant la grossesse. L'usage de sucre en quantité modérée est maintenant admis dans le régime alimentaire d'une personne diabétique.

- Dans les boissons, l'apport en sucre devrait être diminué.
- Les desserts à base de lait peuvent être sucrés normalement, à la condition de prendre la portion indiquée (pouding : 125 ml, yogourt aux fruits : 125 g, Minigo : 60 g ou 70 g). Choisissez-les plutôt faibles en gras.
- Évitez les boissons gazeuses : une canette fournit environ 130 calories et l'équivalent de 7 sachets de sucre.

- L'eau, le lait, les jus de fruits non sucrés (certains sont même enrichis de calcium) et les tisanes remplacent avantageusement les boissons gazeuses.

Le contrôle de poids

- En suivant le Guide alimentaire canadien, en prenant régulièrement trois repas par jour (le déjeuner est important) et trois collations nutritives, vous perdrez graduellement du poids.
- Donnez-vous un an pour retrouver votre poids antérieur.

L'allaitement demande plus d'énergie que le dernier trimestre de la grossesse. Un régime restrictif peut compromettre la lactation.

Aide-mémoire

- Un sachet de sucre équivaut à 15 calories. Prenez-en un demi-sachet tout simplement.
- Un morceau de tarte aux pommes contient 300 calories et un gros muffin, 400 calories.
- Mieux vaut diminuer de moitié ou plus les desserts à haute teneur énergétique comme les gâteaux ou les tartes. Remplacez-les par des desserts au lait ou des fruits.
- Évitez les boissons gazeuses.

CHAPITRE 5

EXERCICES POSTNATALS

Exercice respiratoire: la respiration abdominale

Cet exercice a pour objectif de vous aider à vous détendre tout en favorisant une bonne oxygénation de votre corps. Il permet aussi à vos intestins de mieux fonctionner si vous êtes constipée. De plus, il fait travailler le transverse de l'abdomen, un muscle de la ceinture abdominale qui aide à stabiliser le tronc et qui soutient le dos dans ses tâches.

Effectuez l'exercice suivant 10 fois, toutes les 2 ou 3 heures.

1. Couchez-vous sur le dos, les genoux pliés, les pieds et le dos bien appuyés au sol.

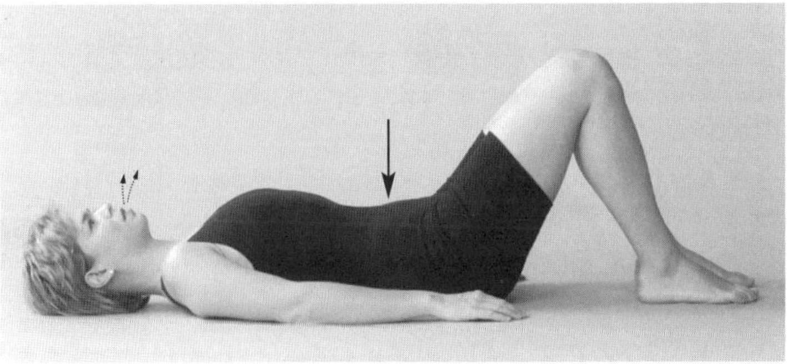

2. Expirez par la bouche pour expulser l'air de vos poumons en rentrant le nombril (l'expiration doit être faite doucement, sans forcer à la fin de l'expiration).
3. Quand vous sentirez que les muscles du bas de votre ventre se contractent, cessez d'expirer et relâchez votre ventre.
4. L'air remplira vos poumons et l'inspiration se fera de façon automatique.

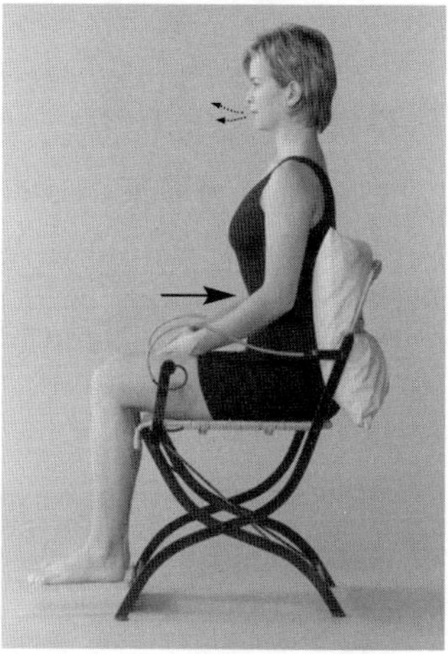

Vous pouvez aussi effectuer cet exercice en position assise, avec un bon appui du dos et des pieds :

- évitez de vous tenir le dos voûté ;
- pour plus de confort, vous pouvez déposer vos pieds sur un petit banc et installer un oreiller dans votre dos.

Exercices des muscles du plancher pelvien

Le plancher pelvien est constitué d'un groupe de muscles qui ferment le bas du bassin. Chaque jour, ces muscles participent :

- à la continence de l'urine, des gaz et des selles ;
- au bon positionnement de plusieurs organes à l'intérieur de l'abdomen, tels que la vessie et l'utérus ;
- aux fonctions sexuelles et orgasmiques, tant pour vous que pour votre partenaire.

Les muscles du plancher pelvien ont supporté le poids du bébé pendant la grossesse. Ils ont donc été très étirés durant cette période. De plus, ils ont parfois subi un traumatisme plus ou moins important pendant l'accouchement. Il a pu y avoir :

- une déchirure spontanée ;
- une épisiotomie (incision pratiquée par le médecin) ;
- l'utilisation de ventouses ou de forceps.

Ce traumatisme laisse parfois le plancher pelvien endolori ou inefficace au cours des premiers jours après l'accouchement. Il n'est donc pas rare que la nouvelle maman éprouve une certaine difficulté à retenir son urine, étant donné la lésion des fibres musculaires qui ont été très étirées et parfois sectionnées. Au cours de ces premières journées, la douleur des points, et éventuellement de la cicatrice, peut aussi constituer un facteur associé à l'incontinence urinaire. Dans les cas de lésion plus importante, il arrive, bien que beaucoup plus rarement, qu'une incontinence fécale (des selles) se produise.

Dans tous les cas, il est primordial de retrouver un tonus adéquat au niveau des muscles de votre plancher pelvien. Lorsque l'état de votre périnée le permettra, il sera donc essentiel de renforcer ces muscles afin de retrouver le contrôle de vos urines, gaz et selles, de bien soutenir vos organes internes et de favoriser le retour à une vie sexuelle harmonieuse.

Il est de plus **très important** de renforcer les muscles du bas du bassin avant d'entreprendre une rééducation trop poussée des abdominaux, afin que le plancher pelvien soit assez fort pour se contracter fermement durant ces exercices.

La contraction volontaire des muscles du plancher pelvien peut être utilisée dans trois situations différentes.

Pour diminuer la douleur du périnée lors des changements de position

- Avant de vous lever, prenez une bonne inspiration.
- Serrez les muscles du plancher pelvien comme pour retenir l'urine et les gaz.
- Commencez à expirer en rentrant le nombril.
- Essayez de maintenir la contraction pendant votre changement de position.

Cette contraction du plancher pelvien aide votre périnée à mieux supporter le poids de vos viscères et vous soulage ainsi de l'inconfort lié aux changements de position.

Pour diminuer les hémorroïdes et l'œdème

- Couchez-vous sur le dos, avec deux oreillers sous les fesses.
- Serrez doucement les muscles de votre plancher pelvien, comme pour retenir l'urine et les gaz.

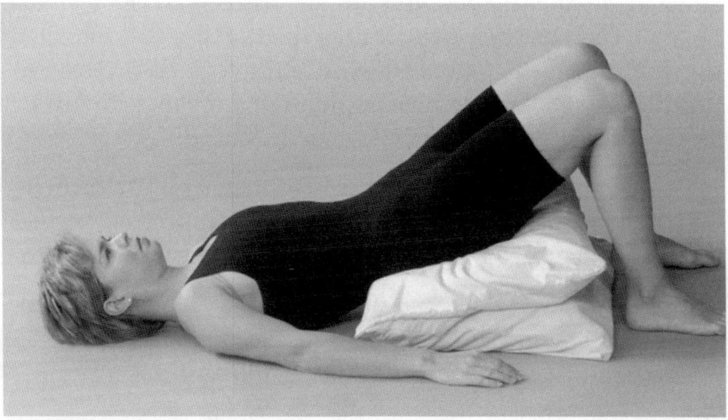

- Maintenez la contraction pendant 2 ou 3 secondes, puis relâchez.
- Répétez pendant 2 minutes, toutes les 2 à 3 heures.

Cet exercice crée un effet de pompage qui contribue à la guérison du périnée et à la circulation dans cette région.

Pour renforcer le plancher pelvien

Pour renforcer les muscles du plancher pelvien, vous pouvez commencer à faire l'exercice suivant de 2 à 3 semaines après l'accouchement, ou dès que votre périnée n'est plus douloureux :

- Couchez-vous sur le dos, les genoux pliés, les pieds et le dos appuyés au sol.
- Serrez les muscles du plancher pelvien comme pour retenir l'urine et les gaz, le plus fermement possible (contraction maximale).
- En même temps, rentrez le nombril en expirant doucement par la bouche.
- Maintenez la contraction pendant 5 secondes.
- Relâchez le ventre, puis les muscles du plancher pelvien :
  - exécutez 3 séries de 10 contractions maximales, 2 fois par jour ;
  - prenez un repos de 10 secondes entre chaque contraction maximale ;
  - après une série de 10 contractions, prenez une minute de repos avant la série suivante.

Trucs et conseils

- Pour vérifier si vous travaillez correctement les muscles du plancher pelvien, vous pouvez faire le petit test suivant :
  - Insérez d'abord un doigt dans le vagin.
  - Si, en contractant vos muscles, vous sentez que votre doigt est **tiré vers l'intérieur**, vous faites le bon exercice.
  - Si vous sentez que votre doigt est **poussé vers l'extérieur** lors de la contraction, vous poussez dans votre plancher pelvien plutôt que de le contracter : vous ne faites pas le bon mouvement et risquez d'affaiblir votre plancher pelvien si vous le répétez.

  Assurez-vous donc de bien maîtriser l'exercice avant de le refaire.
- Pendant vos contractions du plancher pelvien, assurez-vous de **ne pas travailler avec d'autres muscles** :
  - évitez de serrer les fessiers ;
  - évitez de serrer les cuisses l'une contre l'autre.
- Évitez d'effectuer cet exercice pendant que vous urinez, afin de diminuer les risques d'infection urinaire.
- Pour vous assurer que vos contractions sont adéquates, prenez le temps de vous concentrer exclusivement sur l'exercice effectué :
  - évitez de faire les exercices pendant l'allaitement, pendant une conversation ou en regardant la télévision.

Exercices des muscles abdominaux

Après l'accouchement, la plupart des femmes souhaitent retrouver les formes qu'elles avaient avant la grossesse. Pour ce faire, elles sont parfois tentées d'entreprendre un programme intensif d'exercices abdominaux. Le renforcement des abdominaux doit, en effet, être au centre des préoccupations de la nouvelle maman puisque ces muscles jouent plusieurs rôles importants :

- ils sont en partie responsables de la forme de la taille ;
- ils contribuent à la stabilité et à la force du tronc ;
- ce faisant, ils partagent les tâches du dos et l'aident à se maintenir en bon état ;
- ils supportent le travail des intestins et participent ainsi à la réduction de la constipation.

Cependant, il est essentiel de commencer le renforcement des muscles abdominaux de façon très graduelle afin de protéger le plancher pelvien et la région lombaire.

Afin d'**amorcer le renforcement abdominal**, vous pouvez pratiquer l'exercice suivant dans les premiers jours qui suivent votre accouchement, si vous avez accouché par voie vaginale.

- En position couchée sur le dos, jambes repliées, faites l'exercice respiratoire décrit plus haut (en page 55).
- Concentrez votre attention sur le resserrement du transverse lorsque vous rentrez le nombril en expirant.
- Pendant l'expiration, vous pouvez sentir ce muscle se durcir en plaçant vos doigts sur votre bas-ventre, en avant des épines du bassin, juste au-dessus de vos aines, près des hanches.

– Faites 3 séries de 10 rentrées du nombril par jour.
– Prenez un repos de 10 secondes entre chaque rentrée du nombril.
– Après une série de 10 rentrées, prenez une minute de repos avant la série suivante.

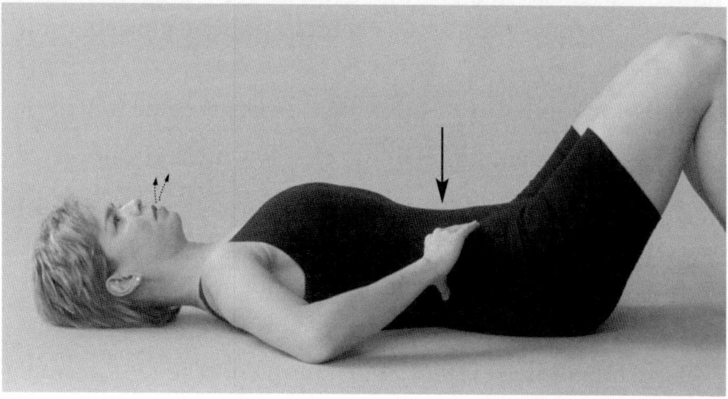

Si vous avez accouché **par césarienne**, vous devez **attendre 5 à 7 jours** avant de d'entreprendre cet exercice et vous assurer qu'il **ne crée pas de douleur**. N'oubliez pas qu'une césarienne est une chirurgie abdominale qui nécessite une période de guérison.

En ce qui concerne les autres muscles de la paroi abdominale, il importe d'effectuer un retour graduel et prudent à l'entraînement; en somme de ne pas commencer avant 6 semaines après l'accouchement. En effet, il arrive parfois que certains des muscles abdominaux, soit les grands droits de l'abdomen, se séparent et s'écartent pendant la grossesse. Après l'accouchement, il est essentiel de corriger la position de ces muscles par des exercices qui favorisent leur alignement normal et leur rapprochement. De plus, avant de commencer un tel entraînement, on doit d'abord s'assurer, tel que mentionné plus haut, que les muscles du plancher pelvien sont assez forts pour résister à la pression créée par les exercices abdominaux.

Il est donc primordial de pouvoir contracter fortement les muscles du plancher pelvien avant d'entreprendre une rééducation abdominale plus poussée.

Suggestions

- Pour obtenir des renseignements plus complets et détaillés sur les exercices et conseils après l'accouchement, nous vous encourageons fortement à consulter le livre *En forme après bébé, exercices et conseils* (voir Ressources). Cet ouvrage traite plus spécifiquement de la diastase des grands droits, de la progression des exercices de renforcement du plancher pelvien et des abdominaux et offre des informations sur les exercices pour le dos et les pectoraux.
- Si vous éprouvez des difficultés à effectuer ces exercices ou si vous avez des interrogations concernant votre condition physique, nous vous suggérons de consulter une physiothérapeute.

CHAPITRE 6

CAFARD ET DÉPRESSION DU POST-PARTUM

Le cafard du post-partum

Le cafard du post-partum, communément appelé « baby blues », est une perturbation de l'humeur qui survient au cours de la première semaine après l'accouchement (le plus souvent le 3e jour) et qui tend à disparaître au bout de 2 semaines. Cette perturbation affective est une réaction normale et passagère qui touche environ 50 % à 80 % des femmes.

À quoi attribue-t-on cet état ?

La période d'ajustement qui suit l'arrivée d'un nouvel enfant est parfois difficile. L'adaptation psychologique (nouveau rôle parental et nouvelles responsabilités) et les facteurs hormonaux semblent être les principales causes de ce cafard. Cependant, la fatigue, la douleur, l'anémie et la surexcitation peuvent également être à l'origine de cet état.

Comment se manifeste-t-il ?

Le cafard peut se manifester de différentes façons :

- crise de larmes ;
- perte d'appétit ;

- insomnie;
- sentiment d'abandon;
- changement d'humeur.

Au cours de la journée, ces états d'âme surviennent sans raison apparente et alternent avec des périodes de bien-être.

Des suggestions pour traverser cette période

Voici quelques suggestions pour traverser cette période quelque peu difficile:

- Exprimer ouvertement ses sentiments et ses préoccupations à son conjoint.
- Faire participer le conjoint aux soins du bébé et aux travaux domestiques.
- Sortir à l'extérieur avec le bébé.
- Profiter des week-ends ou des congés pour relaxer et se distraire.
- S'habiller, se maquiller, bref, reprendre les habitudes esthétiques d'avant l'accouchement.
- Organiser des activités à l'extérieur de la maison.
- Accepter l'aide et en demander au besoin.

La dépression du post-partum

Qu'elle survienne de façon progressive ou soudaine, la dépression post-accouchement se caractérise par des symptômes plus graves et persistants. Les sentiments négatifs tendent à prendre le dessus sur les sentiments positifs, une impression de découragement s'installe et rend la personne incapable de composer avec les situations de la vie quotidienne.

Certaines personnes sont plus à risque que d'autres de développer une dépression du post-partum.

Les situations qui favorisent la dépression

Diverses situations peuvent contribuer à la dépression postnatale. En voici quelques-unes :

- des circonstances socio-économiques difficiles ;
- des relations conflictuelles de la mère avec sa propre famille ;
- des deuils mal résolus ;
- des complications périnatales chez la mère ou chez le bébé ;
- l'âge de la mère (moins de 20 ans et plus de 35 ans) ;
- un manque de soutien émotionnel et d'aide de l'entourage ;
- des événements de vie stressants et récents (problème financier, perte d'emploi, problème matrimonial, grossesse non planifiée, etc.) ;
- une dépression anténatale ou périnatale antérieure ;
- une dysfonction de la glande thyroïde, une anémie sévère ;
- tout autre problème psychologique antérieur (dépression, troubles anxieux, etc.) ;
- un mauvais soutien du conjoint, une incompréhension et une difficulté d'ajustement dans les rôles respectifs.

Comment se manifeste-t-elle?

La dépression peut se manifester de différentes façons :

- déception face à soi-même en tant que mère ;
- absence de plaisir ;

- irritabilité envers le bébé, le conjoint ou l'entourage ;
- culpabilité ;
- difficulté à s'attacher au bébé ;
- anxiété envahissante face au bébé ;
- obsessions ;
- honte, isolement ;
- désespoir.

Une consultation rapide peut aider à réduire la gravité et la durée des symptômes, et ainsi prévenir l'apparition de troubles sérieux.

Les signes de dépression

Voici une liste des signes de dépression du post-partum. Cette liste a pour but de vous aider à vous situer par rapport à cette situation.

Parmi les énoncés suivants, cochez ceux qui correspondent à votre état.

- ❑ Quoique je fasse, je ne peux pas me débarrasser du sentiment d'être déprimée.
- ❑ Je pleure au moins une fois par jour.
- ❑ Je me sens triste la plupart du temps.
- ❑ Je n'arrive pas à me concentrer.
- ❑ Je ne peux plus profiter des choses que j'aimais auparavant.
- ❑ Je n'ai aucune envie de faire l'amour, même si mon médecin dit que je suis physiquement capable de reprendre ma vie sexuelle.
- ❑ Je n'arrive pas à dormir, même lorsque mon bébé dort.

- ❑ J'éprouve toujours le sentiment d'avoir échoué.
- ❑ Je n'ai pas d'énergie, je me sens toujours fatiguée.
- ❑ Je n'ai pas d'appétit et je ne prends aucun plaisir à manger (ou bien j'ai des fringales de sucre et j'en mange de façon compulsive).
- ❑ Je n'arrive pas à me souvenir de la dernière fois que j'ai ri.
- ❑ Chaque petite chose m'énerve ces derniers temps. Il m'arrive même d'être furieuse contre mon bébé. Je suis fâchée contre mon mari.
- ❑ J'ai l'impression que l'avenir est sans espoir.
- ❑ J'ai l'impression que je vais me sentir ainsi pour toujours.
- ❑ Il y a des moments où j'ai l'impression que je serais mieux morte que de me sentir dans cet état, même pour une minute de plus.

Si vous avez coché quatre de ces énoncés ou plus, vous souffrez probablement d'une dépression post-partum. Nous vous conseillons de communiquer avec votre médecin traitant pour lui en faire part. Ce dernier verra à vous référer à de l'aide spécialisée en cas de besoin.

Des pistes de solution

- Voir son médecin de famille ou son obstétricien.
- Consulter son CLSC.
- Mobiliser son réseau de soutien.
- Utiliser ses ressources communautaires.
- Reprendre contact, s'il y a lieu, avec certains aspects de sa culture d'origine.
- S'éduquer au rôle de parent.

- Se donner les moyens de prendre une période de repos.
- Obtenir de l'aide d'un psychologue ou d'un médecin-psychiatre qui s'intéresse à la périnatalité.
- Recevoir un médicament, après une évaluation minutieuse.

CHAPITRE 7

LA SEXUALITÉ APRÈS L'ACCOUCHEMENT

La reprise des relations sexuelles

Le moment de la reprise

C'est habituellement après la troisième semaine qu'on peut reprendre les relations sexuelles, c'est-à-dire lorsque :

- les saignements ont cessé ;
- un doigt ou un tampon (celui-ci n'est inséré que pour vérifier la sensibilité) peut être introduit sans douleur dans le vagin, ce qui indique que le périnée est cicatrisé ;
- les deux partenaires sont prêts aux plans physique et émotif (il est normal que les deux partenaires ne soient pas prêts en même temps).

Des suggestions

- Exprimer ouvertement à votre conjoint vos peurs et vos questions en regard de la sexualité. Savoir se dire ce que l'on ressent, ce que l'on pense, ce que l'on veut: « J'ai peur d'avoir mal, de réveiller le bébé, je me sens trop fatiguée… »
- Il arrive souvent que la satisfaction sexuelle baisse au cours de la première année qui suit l'arrivée d'un bébé. Il

est important que le couple se garde du temps et qu'il continue à développer une communication privilégiée au sein de laquelle pourra se poursuivre la vie sexuelle.

- Être créateur dans l'exploration de nouvelles manières d'exprimer sa sexualité lorsque la pénétration doit être évitée. Varier les positions si votre périnée est encore sensible.
- Lors des relations sexuelles, les positions « elle sur lui », partenaires « côte à côte » ou debout sont plus confortables pour la femme, car elles limitent la pression sur les organes.
- Pour éviter toute pression sur l'épisiotomie, vous pouvez glisser un coussin sous vos fesses afin de soulever votre siège et de diriger ainsi la pression vers le clitoris plutôt que sur l'épisiotomie.
- Éviter les surprises. Si un nouveau moyen contraceptif est utilisé après l'accouchement, il est préférable de se familiariser avec la méthode avant de l'appliquer. Si vous utilisez la mousse spermicide pour la première fois, lisez attentivement les instructions et faites-en l'essai auparavant.
- Si vous allaitez, il est possible que vous éprouviez un manque de lubrification vaginale au moment des relations. Vous pouvez alors utiliser un lubrifiant stérile (gelée KY) vendu en pharmacie ou une crème contraceptive que vous appliquez à l'intérieur du vagin et sur la vulve.
- Se rappeler que la première relation sexuelle risque d'être sensible, quel que soit le moment, épisiotomie ou pas. Cette sensibilité diminuera avec le temps.
- Si la sensibilité persiste et qu'elle est localisée, il est recommandé de consulter son médecin.

La contraception

Si vous n'allaitez pas, vos premières mens[...] se produire entre la 6e et la 8e semaine après l'ac[...] mais chez certaines femmes, elles surviennent seulement [...] la 12e semaine. Un tiers des femmes ovulent avant leurs premières menstruations. Pour cette raison, il est donc recommandé d'utiliser un moyen contraceptif dès la reprise des relations sexuelles.

Si vous allaitez, il s'avère assez difficile de préciser le moment exact de votre ovulation. L'allaitement n'assure pas automatiquement l'infertilité. En règle générale, l'allaitement maternel exclusif protège à 98 % pendant 6 mois si la mère répond OUI aux 3 questions du tableau suivant.

La méthode d'allaitement maternel et d'aménorrhée

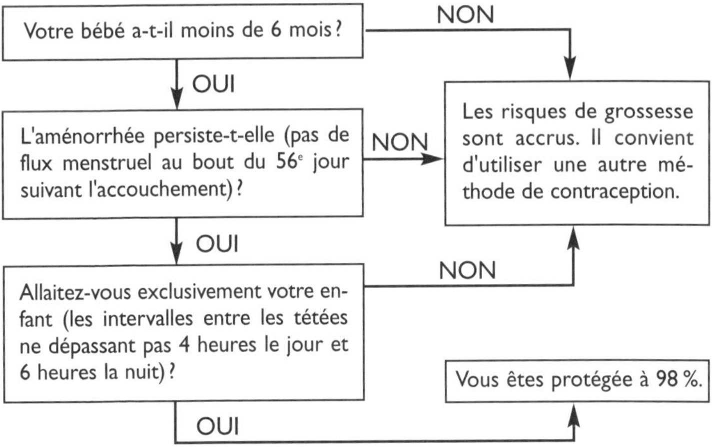

Lorsque la réponse à l'une de ces questions est négative, les risques de grossesse sont accrus.

méthodes naturelles

Les méthodes naturelles sont basées sur l'observation de la glaire cervicale, la prise de température et la tenue d'un calendrier des symptômes au cours du cycle menstruel.

Ces méthodes ne sont pas recommandées immédiatement après l'accouchement car la présence de lochies peut interférer avec l'évaluation de la glaire cervicale. À l'arrêt des lochies, vous pouvez commencer à tenir votre tableau, c'est-à-dire à inscrire le type de glaire, la date et la température. Si vous n'êtes pas familière avec cette approche, nous vous recommandons d'avoir des rencontres fréquentes avec un moniteur spécialisé avant d'y recourir. L'utilisation d'une seule de ces méthodes est peu fiable.

Condoms et spermicides

Le condom et un spermicide (mousse, crème, gelée ou ovule) utilisés conjointement sont considérés comme les méthodes contraceptives idéales après l'accouchement. Utilisés seuls, le condom, la mousse, la gelée, l'ovule ou la crème contraceptive sont moins efficaces.

Le condom

Le condom est une membrane de latex (caoutchouc) qui s'ajuste au pénis en érection. Il doit se placer au début de l'érection avant tout contact du pénis avec les organes génitaux de la femme, car les quelques gouttes de liquide transparent qui lubrifient le pénis contiennent parfois des spermatozoïdes qui peuvent pénétrer à l'intérieur du vagin. Le condom joue donc un rôle de barrière physique qui, en plus d'empêcher la fécondation, protège des maladies transmises sexuellement (MTS).

Voici comment utiliser le condom.

- Le dérouler jusqu'à la base du pénis tout en prenant soin de rétracter complètement le prépuce non circoncis.
- Un espace vide (sans air) doit être laissé au bout du condom pour recueillir le sperme et éviter la rupture du condom.
- On doit s'assurer que le condom demeure bien en place durant toute la pénétration.
- Après l'éjaculation, il faut se retirer sans trop attendre. Au moment du retrait, l'homme doit bien tenir la base du condom, afin d'éviter qu'il ne glisse et que le sperme ne se répande dans le vagin.

Conseils pratiques (condoms)

- Pour assurer une plus grande efficacité, le condom devrait toujours être utilisé conjointement avec un spermicide, ce qui augmente l'efficacité de la contraception à 98 %.
- Ne jamais utiliser la gelée de pétrole (vaseline) comme lubrifiant parce qu'elle favorise la détérioration du latex du condom.
- L'utilisation de condoms lubrifiés ou l'utilisation de lubrifiants solubles dans l'eau (*KY, Lubrafax*, etc.) élimine ce problème.
- En cas de bris du condom, il est possible d'avoir recours à la pilule du lendemain dans les 72 heures suivant la relation sexuelle. Si un spermicide (gelée ou

crème) a été utilisé avec le condom, il n'est pas nécessaire d'avoir recours à la pilule du lendemain.

- Les condoms se conservent à peu près 2 ans s'ils sont gardés loin de la chaleur et du froid (éviter le porte-monnaie, à cause de la proximité du corps). Toutefois, il ne faut pas oublier de vérifier la date de péremption (expiration) sur la boîte.
- En cas d'allergie au latex ou au lubrifiant, on doit changer de marque. Notez que les condoms faits de tissu animal sont moins efficaces et protègent moins bien contre les MTS.
- Détacher les sachets avec soin ; si le sachet adjacent est accidentellement déchiré, on doit jeter le condom qu'il contient, car celui-ci risque de s'assécher ou de rétrécir.

Le condom féminin

Le condom féminin est une poche en polyuréthane, fermée à un bout et dotée d'un anneau flexible à chaque extrémité. Son rôle est d'empêcher les spermatozoïdes de pénétrer dans le vagin. C'est aussi un excellent moyen de protection contre les MTS.

Voici comment l'utiliser. Avant la pénétration, on introduit le condom dans le vagin en insérant la partie munie du petit anneau ; le plus grand anneau reste à l'extérieur. On peut utiliser un spermicide pour s'assurer d'une plus grande efficacité.

Le condom féminin est plus efficace que le condom masculin pour prévenir la transmission de certaines MTS, telles l'herpès et les condylomes, car il empêche le contact au niveau vulvaire. Plus coûteux, il est utilisé par les femmes à qui le condom masculin ne convient pas.

Les spermicides

Les spermicides sont des produits sous forme de crème, de gelée, de mousse ou d'ovules qui, introduits à l'intérieur du vagin, empêchent l'action des spermatozoïdes.

- Les mousses, gelées ou crèmes peuvent être installées juste avant la relation alors qu'il faut prévoir 10 minutes pour l'ovule avant qu'il ne fonde.

Voici comment utiliser une mousse, une crème ou une gelée.

- Agiter le contenant vigoureusement de 20 à 30 fois pour assurer un mélange parfait de l'agent spermicide et de la mousse.
- Remplir l'applicateur (10 cc), l'introduire jusqu'au fond du vagin vers l'arrière et le retirer ensuite de 1 cm avant l'éjection du produit.
- Pousser le piston pour expulser la mousse. Mettre 1 à 2 applicateurs pleins selon les directives mentionnées.
- Prévoir une deuxième application de mousse si :
  - vous vous êtes levée ;
  - il y a écoulement du produit ;
  - on désire une seconde pénétration ;
  - l'attente ou les jeux sexuels précédant la pénétration ont été longs.

Conseils pratiques (spermicides)

- Avant d'utiliser le produit, lire attentivement les directives du fabricant.
- Pour assurer une plus grande efficacité, appliquer la mousse de 10 à 30 minutes avant la pénétration. Selon les directives du fabricant, la durée d'action des spermicides peut varier entre 1 et 8 heures.
- Laisser à la mousse le temps d'agir efficacement. Éviter l'utilisation de savon au niveau de la vulve et de douche vaginale 2 heures avant la relation, et de 6 à 8 heures après la relation. Une toilette à l'eau seulement est recommandée.
- Vérifier la date de péremption du produit et conserver un deuxième contenant de mousse, car il peut être difficile de prévoir quand celui-ci sera vide.

Les contraceptifs oraux (la pilule)

Les contraceptifs oraux sont des pilules constituées de deux hormones synthétiques semblables à l'œstrogène et à la progestérone. La combinaison de ces deux hormones, prises durant le cycle menstruel, procure une contraception efficace à 99,5 %, à la condition que les comprimés soient pris tous les jours à heure régulière. Cette pilule n'est pas recommandée aux femmes qui allaitent, car les hormones qu'elle contient provoquent une diminution de la production du lait. La minipilule, qui ne contient que de la progestérone, pourrait être un choix plus judicieux pour la femme qui allaite (voir à ce sujet la section suivante consacrée à la mini- pilule).

Conseils pratiques (pilule)

- Les femmes qui n'allaitent pas peuvent recommencer à prendre les contraceptifs oraux 2 semaines après l'accouchement.
- Si on a oublié de prendre la pilule moins de 24 heures après l'heure prévue, il faut la prendre immédiatement et continuer par la suite selon l'horaire habituel.
- Si on a oublié de prendre la pilule depuis plus de 24 heures :
  - — il faut prendre un comprimé immédiatement et l'autre, quelques heures plus tard. On pourrait prendre les deux comprimés en même temps mais cela risque de donner des nausées ;
  - — utiliser un autre moyen contraceptif conjointement à la pilule pour une durée de 7 jours.
- Si vous devez prendre des médicaments en même temps que la pilule (antibiotiques, antihistaminiques, antiacides, sédatifs), consultez le pharmacien ou le médecin, car certains médicaments diminuent l'efficacité de la contraception. Vous devrez donc utiliser conjointement une autre méthode contraceptive (condom et spermicide ou autre).
- Vomissements ou diarrhée fréquents peuvent diminuer l'absorption de la pilule et la rendre moins efficace. Ici encore, une autre méthode contraceptive doit être utilisée conjointement avec la pilule (condom et spermicide ou autre).

La mini-pilule

La mini-pilule ne contient pas d'œstrogène et renferme moins de progestérone que la pilule. Elle doit être prise quotidiennement et selon un horaire régulier pour augmenter son efficacité; la régularité est très importante. La mini-pilule serait un peu moins efficace que la pilule (95 % au lieu de 99,5 %), mais elle reste un choix possible pour la femme qui allaite et qui désire une contraception hormonale. En effet, selon les données connues actuellement, la mini-pilule n'affecte pas l'allaitement ou le bébé même si elle passe dans le lait.

Si la mini-pilule est prise en retard de 3 heures ou plus, il est recommandé d'utiliser une méthode contraceptive supplémentaire en même temps que les comprimés pour les 48 heures suivantes.

Les menstruations peuvent être irrégulières avec cette contraception.

La pilule du lendemain

La pilule du lendemain est une méthode de dernier recours lorsqu'il y a eu échec de la contraception (rupture du condom, oubli de la pilule, etc.). Il s'agit de pilules d'hormones à forte dose, prescrites par le médecin ou données par une infirmière spécialisée. Ces comprimés doivent être pris dans les trois jours qui suivent la relation sexuelle. On peut se procurer ces pilules ou une ordonnance médicale dans les CLSC, dans les cliniques médicales spécialisées ou au bureau du médecin.

L'injection de Dépo-Provera®

Le Dépo-Provera, contient une hormone semblable à la progestérone, qui empêche l'ovulation. Ce contraceptif est administré à la femme tous les trois mois, au moyen d'une injection intramusculaire. Sa fiabilité est la même que celle de la pilule, c'est-à-dire 99,5 %.

Cette hormone peut provoquer des saignements entre les cycles. Après un certain temps d'utilisation, les menstruations peuvent cesser. On doit obtenir une ordonnance du médecin pour profiter de ce type de contraception.

L'implant sous-cutané (Norplant®)

L'implant sous-cutané se présente sous la forme de 5 petits implants qui sont installés sous la peau à l'aide d'une petite incision. Ces bâtonnets (implants) contiennent une hormone, la progestérone, qui est libérée progressivement dans le sang. Cette méthode contraceptive a un taux d'efficacité qui se rapproche de celui de la pilule (99,5 % à 99,8 %) pour une durée d'environ 5 ans.

Pendant les premiers mois, la femme peut observer des saignements entre les cycles. Soulignons que la fertilité revient après le retrait de l'implant.

Le stérilet

Le stérilet est un petit dispositif en plastique, avec ou sans cuivre, qui empêche les spermatozoïdes de se rendre jusqu'aux trompes. Il est installé dans l'utérus de la femme par le médecin.

Le stérilet peut être mis en place lors de la première visite postnatale. C'est un moyen contraceptif efficace à 97 %. Une fois par mois, après les menstruations, il faut vérifier que le petit fil relié au stérilet est bien présent dans le vagin. Si on ne sent pas le petit fil, ou si on ressent des douleurs inhabituelles lors des relations sexuelles, ou si encore on constate des saignements anormaux, il faut employer un autre moyen contraceptif et prendre rapidement rendez-vous avec le médecin.

Si tout va bien, le stérilet peut être gardé quelques années, selon les marques. Lorsque la femme désire une prochaine grossesse, il s'agit tout simplement de faire retirer le stérilet par le médecin.

Le stérilet ne protège pas contre les MTS. Il doit être utilisé conjointement avec le condom, si l'on désire cette protection supplémentaire.

Le diaphragme, la cape cervicale, l'éponge et le *lea's schield*

Le diaphragme, la cape cervicale, l'éponge et le *lea's schield* sont des membranes de diverses épaisseurs qui recouvrent le col et empêchent l'entrée des spermatozoïdes. Elles sont généralement en forme de coupoles et faites de divers matériaux (caoutchouc, silicone, caoutchouc mousse, etc.).

Certaines de ces membranes sont enduites de spermicides, alors que d'autres doivent être utilisées conjointement avec un spermicide.

Conseils pratiques (membranes)

- Ces membranes peuvent être installées quelques heures avant la relation et demeurer en place jusqu'à 6 à 8 heures après. Elles ne doivent cependant pas y rester plus de 24 à 48 heures, selon le modèle.
- Elles sont disponibles dans les centres spécialisés pour femmes ou dans certaines cliniques. On peut se procurer l'éponge en pharmacie.

- L'utilisation de ces membranes est déconseillée en période menstruelle.
- Un médecin ou une infirmière spécialisée peut mesurer la grandeur du diaphragme lors d'un examen gynécologique.
- La taille du diaphragme a besoin d'être réévaluée environ 3 mois après l'accouchement. C'est à ce moment que le volume des organes pelviens se stabilise.
- Il faut faire preuve de prudence, car le taux d'échec avec ces méthodes varie de 15 % à 35 % par année.

La contraception définitive

Chez l'homme, la vasectomie est la section (coupure) du canal déférent, ce qui empêche le transport des spermatozoïdes. C'est une intervention mineure qui se fait généralement à la clinique médicale, sous anesthésie locale.

Chez la femme, la ligature des trompes de Fallope (la section des trompes de l'utérus) est une intervention qui empêche l'ovule de cheminer par les trompes jusqu'à l'utérus. Cette intervention se fait généralement dans un centre hospitalier, sous anesthésie générale.

Conclusion

Vous rentrez à la maison avec votre petit bébé dans les bras, le cœur rempli d'espoir et de projets. Vous venez sans doute de vivre l'un des plus beaux moments de votre vie personnelle et familiale, de votre vie de couple aussi.

Vous êtes dorénavant mère, votre conjoint est père et vous formez maintenant une famille. Certains sont devenus parents pour une seconde fois ou davantage. Peu importe, car l'expérience que vous venez de vivre vient de changer le cours des choses. Rien ne sera plus jamais pareil.

Peu à peu, une nouvelle routine s'installe avec ses jours heureux et ses moments un peu plus difficiles, avec ses hauts et ses bas : l'émerveillement devant les premières risettes de bébé et ses nouvelles découvertes, aussi bien que les nuits trop brèves qui débouchent sur d'interminables journées. Il peut arriver que vous vous sentiez dépassée par moments, voire même un peu déprimée.

Discuter avec des amies vivant la même situation que vous s'avère souvent un excellent moyen pour diminuer le stress, les angoisses et les frustrations que vous ressentez. Cela permet généralement de dédramatiser et de réévaluer la situation.

Pour préserver l'équilibre familial, chacun des conjoints devrait pouvoir disposer, à intervalles réguliers, de quelques moments bien à lui pour se « faire plaisir ». Ces moments d'évasion sont tout aussi importants pour le couple. Demandez à une amie ou à grand-maman de prendre la relève pour quelques heures et profitez-en pour vous adonner à une activité de votre choix.

Au fil des jours, cette période d'adaptation terminée, il vous restera de beaux souvenirs… et un enfant pour la vie !

Ressources

Livres pour les parents

Brott, A. et J. Ash. *Moi aussi j'attends un enfant : le guide du futur papa*. Boisbriand : Momentum, 2000. 313 p.

Comité pour la promotion de l'allaitement maternel de l'Hôpital Sainte-Justine. *L'allaitement maternel*. Montréal : Éditions de l'Hôpital Sainte-Justine, 1999. 95 p. (Parents)

De Cambronne, L. *Votre premier mois avec bébé : les cent questions que se pose une mère dans les jours qui suivent la naissance de son enfant*. Paris : Librairie générale française, 1999. 181 p. (Livre de poche)

Dumoulin, C. *En forme après bébé : exercices et conseils*. Montréal : Éditions de l'Hôpital Sainte-Justine, 2000. 113 p. (Parents)

Fenwick, E. *Mon bébé, je l'attends, je l'élève*. Montréal : Sélection du Reader's Digest, 2000. 256 p

Gaussen, S. et H. de Gunzbourg. *Le guide de l'après-accouchement*. Paris : Albin Michel, 2000. 393 p. (Bibliothèque de la famille)

Lees, C. *Attendre un enfant : toutes les réponses à vos questions*. Montréal : Hurtubise HMH, 1999. 240 p.

Livres pour les enfants

Sanschagrin, J. *Caillou: la petite sœur*. Montréal : Chouette, 1993. 24 p. (Rose des vents)

TOLITCH-DOLTO C. ET C. FAURE-POIRÉE. *Attendre un petit frère ou une petite sœur*. Paris : Gallimard jeunesse, 1996. 10 p. (Giboulées)

Sites Internet

L'allaitement : Questions et réponses
Enfant et famille Canada
www.cfc-efc.ca/docs/00000493.htm

Allaiter
Association IPA (Association Pour l'Allaitement)
www.info-allaitement.org

Bébé arrive
Communication Québec
www.comm-qc.gouv.qc.ca/guides_bebe.html

Grossesse et maternité : tout savoir
Baby on web
www.babybelgique.com/reference/welcome.shtml

Gyneweb
Recherche d'infos/Grossesse et accouchement
213.41.95.8/pub.htm

PetitMonde
www.petitmonde.qc.ca/

PetitWeb : au service de la femme et de l'enfant
www.petitweb.com/

Autres suggestions de ressources pour parents et enfants

GAGNON, M., L. JOLIN ET L.-L. LECOMPTE. *Guide Info-Parents III : Maternité et développement du nourrisson*. Montréal : Éditions de l'Hôpital Sainte-Justine, 2001.

L'allaitement maternel

Comité pour la promotion de l'allaitement maternel de l'Hôpital Sainte-Justine

Le lait maternel est le meilleur aliment pour le bébé. Tous les conseils pratiques pour faire de l'allaitement une expérience réussie !

ISBN 2-921858-69-X 1999/104 p.

Apprivoiser l'hyperactivité et le déficit de l'attention

Colette Sauvé

Une gamme de moyens d'action dynamiques pour aider l'enfant hyperactif à s'épanouir dans sa famille et à l'école.

ISBN 2-921858-86-X 2000/96 p.

Au-delà de la déficience physique ou intellectuelle

Un enfant à découvrir

Francine Ferland

Comment ne pas laisser la déficience prendre toute la place dans la vie familiale ? Comment favoriser le développement de cet enfant et découvrir le plaisir avec lui ?

ISBN 2-922770-09-5 2001/232 p.

Au fil des jours... après l'accouchement

L'équipe de périnatalité de l'Hôpital Sainte-Justine

Un guide précieux pour répondre aux questions pratiques de la nouvelle accouchée et de sa famille durant les premiers mois suivant l'arrivée de bébé.

ISBN 2-922770-18-4 2001/96 p.

Au retour de l'école...

La place des parents dans l'apprentissage scolaire

Marie-Claude Béliveau

Une panoplie de moyens pour aider l'enfant à développer des stratégies d'apprentissage efficaces et à entretenir sa motivation.

ISBN 2-921858-94-0 2000/176 p.

En forme après bébé

Exercices et conseils

Chantale Dumoulin

Des exercices et des conseils judicieux pour aider la nouvelle maman à renforcer ses muscles et à retrouver une bonne posture.

ISBN 2-921858-79-7 2000/128 p.

En forme en attendant bébé

Exercices et conseils

Chantale Dumoulin

Des exercices et des conseils pratiques pour garder votre forme pendant la grossesse et pour vous préparer à la période postnatale.

ISBN 2-921858-97-5 2001/112 p.

L'enfant malade

Répercussions et espoirs

Johanne Boivin, Sylvain Palardy et Geneviève Tellier

Des témoignages et des pistes de réflexion pour mettre du baume sur cette cicatrice intérieure laissée en nous par la maladie de l'enfant.

ISBN2-921858-96-7 2000/96 p.

L'estime de soi des adolescents

Germain Duclos, Danielle Laporte et Jacques Ross

Comment faire vivre un sentiment de confiance à son adolescent ? Comment l'aider à se connaître ? Comment le guider dans la découverte de stratégies menant au succès ?

ISBN 2-922770-42-7 2002/96 p.

L'estime de soi des 6 - 12 ans

Danielle Laporte et Lise Sévigny

Une démarche simple pour apprendre à connaître son enfant et reconnaître ses forces et ses qualités, l'aider à s'intégrer et lui faire vivre des succès.

ISBN 2-922770-44-3 2002/112 p.

L'estime de soi, un passeport pour la vie

Germain Duclos

Pour développer des attitudes éducatives positives qui aideront l'enfant à acquérir une meilleure connaissance de sa valeur personnelle.

ISBN 2-921858-81-9 2000/128 p.

Et si on jouait?

Le jeu chez l'enfant de la naissance à 6 ans

Francine Ferland

Les différents aspects du jeu présentés aux parents et aux intervenants : information détaillée, nombreuses suggestions de matériel et d'activités.

ISBN 2-922770-36-2 2002/184 p.

Être parent, une affaire de cœur I

Danielle Laporte

Des textes pleins de sensibilité, qui invitent chaque parent à découvrir son enfant et à le soutenir dans son développement.

ISBN 2-921858-74-6 1999/144 p.

Être parent, une affaire de cœur II

Danielle Laporte

Une série de portraits saisissants : l'enfant timide, agressif, solitaire, fugueur, déprimé, etc.

ISBN 2-922770-05-2 2000/136 p.

Famille, qu'apportes-tu à l'enfant?

Michel Lemay

Une réflexion approfondie sur les fonctions de chaque protagoniste de la famille, père, mère, enfant... et les différentes situations familiales.

ISBN 2-922770-11-7 2001/216 p.

La famille recomposée

Une famille composée sur un air différent

Marie-Christine Saint-Jacques et Claudine Parent

Comment vivre ce grand défi ? Le point de vue des adultes (parents, beaux-parents, conjoints) et des enfants impliqués dans cette nouvelle union.

ISBN 2-922770-33-8 2002/144 p.

Favoriser l'estime de soi des 0 - 6 ans

Danielle Laporte

Comment amener le tout-petit à se sentir en sécurité ? Comment l'aider à développer son identité ? Comment le guider pour qu'il connaisse des réussites ?

ISBN 2-922770-43-5 2002/112p.

Guide Info-Parents I

L'enfant en difficulté

Michèle Gagnon, Louise Jolin et Louis-Luc Lecompte

Un répertoire indispensable de ressources (livres, associations, sites Internet) pour la famille et les professionnels.

ISBN 2-921858-70-3 1999/168 p.

Guide Info-Parents II

Vivre en famille

Michèle Gagnon, Louise Jolin et Louis-Luc Lecompte

Des livres, des associations et des sites Internet concernant la vie de famille: traditionnelle, monoparentale ou recomposée, divorce, discipline, conflits frères-sœurs...

ISBN 2-922770-02-8 2000/184 p.

Guide Info-Parents III

Maternité et développement du bébé

Michèle Gagnon, Louise Jolin et Louis-Luc Lecompte

Des ressources fort utiles concernant la grossesse, l'accouchement, les soins à la mère et au bébé, le rôle du père, la fratrie…

ISBN 2-922770-22-2 2001/152 p.

Guider mon enfant dans sa vie scolaire

Germain Duclos

Des réponses aux questions les plus importantes et les plus fréquentes que les parents posent à propos de la vie scolaire de leur enfant.

ISBN 2-922770-21-4 2001 / 248 p.

Les parents se séparent...

Pour mieux vivre la crise et aider son enfant

Richard Cloutier, Lorraine Filion et Harry Timmermans

Pour aider les parents en voie de rupture ou déjà séparés à garder espoir et mettre le cap sur la recherche de solutions.

ISBN 2-922770-12-5 2001 / 164 p.

La scoliose

Se préparer à la chirurgie

Julie Joncas et collaborateurs

Dans un style simple et clair, voici réunis tous les renseignements utiles sur la scoliose et les différentes étapes de la chirurgie correctrice.

ISBN 2-921858-85-1 2000/96 p.

Les troubles anxieux expliqués aux parents

Chantal Baron

Quelles sont les causes de ces maladies et que faire pour aider ceux qui en souffrent ? Comment les déceler et réagir le plus tôt possible ?

ISBN 2-922770-25-7 2001 / 88 p.

Les troubles d'apprentissage : comprendre et intervenir

Denise Destrempes-Marquez et Louise Lafleur

Un guide qui fournira aux parents des moyens concrets et réalistes pour mieux jouer leur rôle auprès de l'enfant ayant des difficultés d'apprentissage.

ISBN 2-921858-66-5 1999/128 p.

MARQUIS
MEMBRE DU GROUPE SCABRINI

Québec, Canada
2006